反回想

わたしの接した
もうひとりの安倍総理

Out of the memoir with the other Abe,
assassinated Prime Minister of Japan

青山繁晴

自由民主党参議院議員

議員集団　護る会（日本の尊厳と国益を護る会）代表

扶桑社

このちいさき書の発する一筋の音が、深きも深き闇を裂いて、あなたにこそ届きますように。

春風《はるかぜ》という本名を持つ高杉晋作さん、その晋の一字を授けられた安倍晋三さんをはじめ、祖国のためにひとつ切りの命を捧げられたすべての御霊《みたま》と、明日は生まれる未知の子らに、裏切ることのなきわが魂もて、この書を捧ぐ。

すべてのわたしの著作と同じく、この書においても、ひとつの言葉について漢字、カタカナ、ひらがな、ローマ字を自在に使い分けます。また一人称も、ぼく、わたし、私、俺などと自由に使い分けます。

わたしは、それが日本語だと考えます。

国際共通語としての英語を、仕事で使うことが少なくありません。その英語にはアルファベットしかありません。

日本語がこれからも豊穣《ほうじょう》であってほしいと祈り、努力を惜しみません。字と人称の使い分けは、そのための方法論のひとつです。

一般の校正基準とは異なります。ご諒解くだされば幸いです。

青山繁晴　拝

反回想　目次

記憶の織りなす回想とは、にんげんが誰しも手にできる、魔力の壺である。

一度切りの命を往きつ戻りつ、何度でも生きられる。

だが、ゆめ、壺に呑まれるな。前へ前へ、泥の河に腰まで浸かって進む。

壺を壊すことも無きよう。おのれの記憶を改竄《かいざん》するなかれ。

そして次の命にそっと渡すのだ。

一の壺

それは安倍晋三さんが総理への再登板を果たして、まだ3か月半ほどしか経っていないときでありました。

安倍さんの居る総理官邸へ、わたしは国会議事堂の裏手の歩道を歩いていました。

西暦２０１３年、平成25年の春爛漫、４月の第２週です。この年、東京の桜は3月の半ばに早い開花を迎えて、１週間も経たないうちに満開となり、すぐに千鳥ヶ淵の桜がざぁと沈黙の音をたてるように水面に散り始めたのでした。

この日はもう、桜の季節は遠ざかって新緑の季節が兆しています。

わたしは当時、民間のいち専門家で、シンクタンクの株式会社独立総合研究所（独研）の代表取締役社長・兼・首席研究員でした。

そのわたしに、総理官邸の内部から、秘かな連絡があったのです。

当時、ふだん連絡を取っていた人はいましたが、その人からではありません。別ルートから連絡があることそのものが、ちょっと意外でした。

「安倍総理が体調の不良を押して、無理をなさろうとしています。青山さんは、その無理と、関係あるらしいのです。一度、こちらに来られませんか」

実際の言葉はもっとさらに丁寧でしたが、主旨はこういうことです。

わたしは一驚しました。

体調の不良？

安倍さんの持病として世に知られた潰瘍性大腸炎は、完治する病気ではありません。しかし、新薬も登場して、その宿痾《しゅくあ》と上手くつきあう方途が見つかったからこそ、総理の座にふたたび就いているのです。

体調が悪いなど、聴いたこともないし、もちろんマスメディアにも何も出ていない。

それに、その意外な体調不良にもかかわらず安倍総理が無理をなさるという、そのこととわたしが関係する？

一体なんのことか分かりません。

しかしもちろん、すぐに総理官邸に伺う必要があります。しかも、マスメディアの「首相動静」に載ってはいけません。総理の体調の異変は公表されていないのです。

総理官邸は、かつてわたしが共同通信政治部の総理番記者として良く知っていた当時とは、まるで別物の新建築です。

戦前に5・15事件や2・26事件を経験した旧官邸は、明治の香りが残るような厳粛な雰囲気がありました。

実際には、世界恐慌のあった西暦１９２９年、すなわち昭和の初期（４年）に竣工し、アールデコを採り入れた建築ですから、大正デモクラシーの香りが残ると言うべきでしょう。

しかし若い記者だったわたしは、中学時代から好きだった「降る雪や　明治は遠く　なりにけり」という中村草田男《なかむらくさたお》の句を、この旧官邸で思い出していました。

事件記者から始まり、経済記者を経て、政治部に配属されると、政治記者の新人の代名詞である「総理番」として生まれて初めて総理官邸に入りました。煉瓦《れんが》造りの階段の手すりを触って、そのざらざらの感触に深く長い権力の歴史を感じたのです。

それは旧官邸の正面玄関を入って、目の前に延びる階段でした。そこを上がった突き当たりの屏風には、反乱軍が銃剣を刺したところを修復した跡があり、官邸に隣接する総理公邸には、銃痕もありありと残っていました。

若手のＳＰ（総理警護官）が同じく若い総理番記者のわたしに、指で抉《えぐ》るように、その銃痕を教えてくれたりしました。

歴史の刻まれた唯一の存在である総理官邸をなぜ、新官邸に建て替えたか。老朽化して耐震性にも機能にも問題があったのは、その通りです。

ただ、決して公表されることのない、もうひとつの理由がありました。

旧官邸は、官邸に入りさえすれば誰でも総理執務室のドアの前へ行くことができました。先ほど述べた正面階段から行くのがもっとも近道でした。

そのために、わたしも総理番記者のときは終日、他社の総理番と一緒に総理執務室の前に立っていました。

そこから内閣総理大臣が出てこられれば、「ぶら下がり」と称して、歩きながら森羅万象《しんらばんしょう》について質問攻めに致すし、執務室に入る客が階段を上がってくれば、用件をお尋ねし、出てこられれば総理との会談の内容をふたたびお尋ねする。

「こんなことをやってるのは世界で日本だけだよ」と官邸詰めの行政官（官僚）がよく嘆いていました。

実際には、たとえば中曽根総理のように発信力のある総理は、このぶら下がりを巧みに利用もしていました。

最大の問題は、総理への来客がすべて露見してしまうことでした。それでは、ほんとうに重要な内外の客が来られないこともあり得ます。

そこで新官邸では、ある言えない場所から、総理執務室へ直に通じる秘密の通路を造ったのです。それが新官邸の建設の、伏せられたもうひとつの理由です。

再登板から4か月弱の安倍総理が居る総理執務室へ向かうために、２０１３年4月のその日わたしは、官邸裏のある場所から、その通路に入りました。

当時は、新官邸ができてすでに11年、それでもまだまだ建ったばかりのような新しい雰囲気です。旧官邸は解体はせず曳家《ひきや》工法で移動して、改装し、今は総理の住まいである公邸となっています。わたしもかつての総理番記者の時代には想像もしなかった立場、安全保障をはじめ五分野の専門家になっていました。

極秘のこの通路を歩くのは、初めてです。安倍さんの居る総理執務室に入るのは初めてではありません。

通路内には監視カメラもなく、ＳＰ（総理警護官）も居ないことに気づいていました。何時何分に通路に入るということは事前に官邸と調整済みで、正確にそのようにしました。通路に入るまでは案内がありましたが、入ってからは、誰も同道しません。

現在は、この通路の管理がどうなっているか、それは分かりません。すくなくとも、平成25年４月のこの時はそうでした。

狭い通路です。しかし天井は高く、身を屈めるようなことはありません。聞こえるのは、おのれの靴音だけです。飾りのようなものは何もありません。

通路については、これ以上は申しません。日本の総理官邸に必須の通路だと考えるからです。

やがて、知られざる扉を開いて、総理の執務室に入りました。

旧官邸の中曽根政権時代に、週末、総理秘書官のひとりが秘かに入れてくれたことがありました。

中曽根総理が、部屋の壁と天井が接するところにずらりと、当時の今上陛下、すなわち昭和天皇とご自分が一緒にいらっしゃる写真を並べているのを見せてくれたのでした。

官庁出身の秘書官は、写真を見上げている総理番記者のわたしに「総理のほんとうのお気持ちは、臣中曽根、しんなかそねということなんだよ」と仰《おっしゃ》いました。

安倍さんのいる新官邸の総理執務室は、それとはまるで違います。

まず格段に広い。

それから、なんというか、一種の寛《くつろ》ぎがありました。贅沢な部屋という意味では全くありません。

旧官邸の総理執務室は、凄まじい緊張感が詰まっている感じが濃厚にあり、部屋の主が重い荷物を背負っている気配もありました。

新官邸の総理執務室でも、烈《はげ》しい緊張のある会話や議論が交わされていたことは間違いありません。

ただ、むしろその会話がいつも適度に弾んでいるのかなと思わせるような感触がありました。

これは安倍晋三という当時の総理の雰囲気、人懐こい、気さくな人柄から来るものなのかなと感じました。安倍さんのそういう面は未だに、あまり知られていない気がします。

わたしがそこに入った数は少ないです。秘書官でも政府要人でもありませんから。

ただ、迎えてくれる安倍総理はいつもリラックスして、長い腕をソファの上に沿わせ、脚を組んで、穏やかで明るい、親しみのある表情でした。

ところが……その日、足を踏み入れると、安倍晋三内閣総理大臣が、机に突っ伏しています。両腕を組むように総理の執務机に置いて、そこにいつもの黒々と豊かな髪の頭を載せて、顔はまったく見えません。

大きめの福耳なんだなと、ふと思いながら、わたしは胸を突かれていました。

まったく想像もしない総理の姿です。

思わず、そこがどこかということも忘れて、「総理、どうなさいましたか」とすこし大きな声になって、すぐ横に近づきました。

ＳＰも秘書官も誰も居ないことに気づいてもいました。いつもと同じく、安倍総理が人払いをしてくれたのだろうと頭の別の部分で考えていました。

総理は、ゆっくりめに頭を上げ、「あぁ、ちょっと疲れてさ」と応えられました。そのままぼんやりと前を見ています。

「総理、休まなきゃ。これじゃ第一次政権と同じになります」

そして、あらためて考えました。官邸の人からは、二度目の連絡でこう言われたのです。

「4月14日の日曜は休んでもらおうと思って、公務日程を空けたのに、総理は硫黄島《いおうとう》に行くと仰る。4月の硫黄島はもう、暑い。倒れてしまいますよ」

わたしはそのまま口に出しました。「総理、今度の日曜に硫黄島に行かれるのは、やめてください」

安倍総理は首を回して、わたしの眼を見ました。

「青山さんが、行けと言ったじゃないか。硫黄島に」

二の壺

わたしは、しばらく言葉が出ませんでした。

まさか、覚えておられたのですか、総理。

そう思ったのですが、口から出てきません。

安倍総理は、すこしづつ、顔に生気が戻る感じもありました。

総理の仰った「行けと言ったじゃないか」とは、西暦2007年、平成19年5月29日火曜の会話です。

目の前にいらっしゃる58歳の安倍晋三さんが、まだ52歳のときでした。

当時、その52歳は、宰相となった史上最年少の年齢でした。それに敗戦後生まれで初めての総理でもありました。

そして第一次の安倍政権を率いていたのです。

安倍晋三さんが初めて、国会で首班に指名されたのは西暦2006年、平成18年9月26日のことでした。

したがって、この時は第一次安倍政権が発足してまだ8か月、と言っても、この平成19年の9月25日に内閣総辞職する運命だったのですから、この日は、政権崩壊まであとわずか4か月だったわけです。安倍総理もわたしも、それを知りません。

ただ、影は暗く深く、すでに差していました。憲法改正や拉致被害者の奪還を目指したはずの政権が早くも下り坂を歩んでいるという負の感覚です。

わたしは共同通信社を依願退社してちょうど10年目です。

記者から、株式会社三菱総合研究所（三菱総研）の専門研究員に転じ、さらに独立総合研究所（独研）の社長・兼・首席研究員になって、5年でした。

地下鉄を降りて、総理官邸へ向かいました。

このときは、官邸の事務方から「安倍総理が青山さんとふたりで官邸にて昼食を、と仰っています。お出かけいただけますか」と丁寧な連絡があったのでした。日程調整の結果、この5月29日になりました。

この2007年の関東甲信の梅雨入りまで、まだ1か月近くありました。

今のような異常な暑さもなく、気持ちのよい微風と銀杏《いちょう》並木の新しい緑のなかを、政治記者の時代から馴染んだ国会議事堂前あたりを歩きました。

歩きながら、官邸で安倍総理が待っているということに半信半疑の気持ちが消えません。

ランチの約束は確かに、いわば公式に確定していました。

しかし約束が定まったあと、5月28日月曜の正午ごろ、東京の赤坂2丁目にある衆議院議員宿舎の1102号室で、安倍内閣の現職閣僚である松岡利勝・農林水産大臣、62歳が首を吊って自決しているのが発見されたのでした。

現職閣僚の自害は、日本の憲政史上、極めて稀なことです。総理の打撃は、どれほどでしょうか。

警視庁赤坂署の捜査では、松岡大臣は午前10時ごろまで、室内で大臣秘書官とふつうに打ち合わせをされていました。その時はまだ、パジャマ姿でした。

そのあと、出かける予定の正午になっても出てこられないので、秘書官と大臣警護官が入ると、農水大臣は居間のドアの最上部にあるL字型の金具（開け閉めを支える金具）に布紐《ぬのひも》を垂らし、そこで首を吊っていました。パジャマ姿のままでした。

松岡さんは長身です。体重もそれなりにあったでしょう。しかしそう丈夫な紐でなくても、人間は案外やすやすと首が吊れてしまいます。ドアノブにネクタイを掛けて、それで縊死《いし》した著名人もいました。事件記者の経験から、松岡さんの悲痛なありさまが目に浮かんで、わたしは唇を堅く噛む思いでした。

松岡大臣は、例によって「政治とカネ」の問題で野党から連日、追及されていました。なかでも、国会議員のオフィスである議員会館で、5年間に2880万円もの光熱費が掛かったとして自分の政治資金から払ったことにしていた問題が目立ちました。

議員会館は、電気代も水道代も公費負担、すなわち国民が払っているのです。わたしはこの公費負担そのものに賛成できませんが、それを自分の政治資金で払ったことにしていたというのは、正直、最悪です。

国会で追い込まれた松岡大臣は「ナントカ還元水とかいうものを付けていますからカネ

がかかる」と答弁してしまい、この「ナントカ還元水」が流行語になって嘲笑を浴びていました。

松岡さんは鳥取大学農学部から農林省に入った農政のエキスパートです。諸国との農産物輸出入の交渉にも精力的に取り組み、安倍総理は「攻めの農政をやれるんだよね」と認め、国会でこっぴどく追及されても、松岡農水大臣を守る姿勢を崩しませんでした。

それが突然の自害です。

ほんとうはどうやら、ナントカ還元水だけではなく、林道汚職で東京地検特捜部が松岡大臣に対して強制捜査に踏み切る気配を感じとっての自決だったようです。

当時は、共産党がそれを追っていることぐらいしか分かりません。

現職閣僚である松岡大臣の自害を知って、わたしはその翌日のランチの約束はキャンセルになると思いました。それどころではないでしょう。

それに一閣僚の自殺にとどまらず、安倍内閣の危機であることは明白でした。

当時の第一次安倍政権は、閣僚や政府税制調査会会長がスキャンダルで次から次へと辞任し、当初の期待感も裏目に出て、すでに勢いを喪《うしな》っていました。

そこへ松岡事件です。

総理官邸の事務方もたいへんだろうと思い、こちらから「キャンセルですね」と電話しました。

ところが「いえ、総理は、青山さんとのランチだけは予定通りにやると仰っています」という意外な返事です。

そこで『ま、無駄足になってもいい』と思いながら、官邸にやって来たのでした。

総理官邸に、車ではなく歩いて入る人は珍しいのですが、まず正門の分厚い警官隊が壁です。

これがホワイトハウスや米軍の司令部ならさぁ大変です。正式なアポイントメントがあっても、公用車で来ても、なかなか入れてくれません。連絡が悪いからです。ましてや、徒歩で来るような変な男には、機銃を向けて険悪な対応になることもあります。わたしの体験です。

わたしは胸の裡《うち》ですこし身構えて、正門に近づきました。

しかしさすが日本、どの警察官にも連絡が行き届いていて、さっとバリアを開けてくれました。おかげで正門横の受付に「総理とお約束があります」とすぐに話ができます。

官邸に入ってからの手順は、セキュリティ情報ですから、述べません。

ある階の部屋に案内されると、がらんと広い部屋の真ん中に、大きなテーブルがあります。

そこに、ふたり分の昼食、安倍総理とわたしの食事がもう置いてありました。

ご飯に味噌汁、干魚に漬物、まるで朝ご飯のように質素なランチでした。

わたしのほかに誰も居ません。

窓辺に寄ると、ちょうど、安倍総理が先ほどの正門に立つ後ろ姿が下方に見えました。

すらりとした安倍さんの背中の左は、小柄な塩崎恭久官房長官です。がっくりと首を垂れています。総理の背中の右は、下村博文官房副長官、その隣は小池百合子総理補佐官だと、いずれも背中から分かりました。小池さんも頭を垂れていましたが、垂れると言うよりはすこし斜めに傾ける感じでした。

そこへ、松岡さんの遺骸を載せた霊柩車がゆっくりとやって来て、安倍総理ら、みなが手を合わせて見送るらしい首と背中になりました。

わたしはひとり、窓辺で手を合わせ、苦痛から解かれた松岡利勝さんのみたまに、ちいさく祈りました。

すぐ、テーブルに戻り、おそらくは冷えている昼食をぼんやり見ていました。

大きな両扉が開き、安倍総理がＳＰ（警護官）数人を従えて真っ直ぐに部屋に入ってこられました。

ＳＰの隊長らしい人に合図をされました。人払いをされたのです。ＳＰは一斉に外へ出て、扉が閉められました。

広い部屋に総理と二人きりです。

安倍総理は、何かで顔を拭ったような表情です。この階へ上がってこられる短い間に、気持ちを切り替えようと努力なさったことが、よく分かります。

わたしは総理が口を開くまえに、いきなり「総理、硫黄島に行きました」と告げました。

それまで安倍さんと硫黄島の話をしたことは一度もありません。あまりにも唐突な切り出しです。

安倍総理はちらりとわたしの顔を見て、箸をとって、むしゃむしゃと食べ始めました。

イオウトウ？　それはきっと、本題に入る前の何かの余談だよね、というような表情です。

「総理、硫黄島は民間人は立ち入り禁止です」

「うん？」

安倍総理がとにかく声を出して、反応してくれただけで、さすがの温厚な人柄だと今も、つくづく思います。

松岡利勝農水大臣の悲劇とも、内閣の行方とも、硫黄島は関係がありません。

ただし、当時のわたしはいち民間人ですから、安倍総理が政局の話をわたしから聞きたかったとは思いません。僭越《せんえつ》ながら、きもちの通じる、利害関係のない友人ではあっても、ブレーンでも側近でもないのですから。

総理はわたしの専門分野に関連して、何か話があるのだろうと想像していました。

わたしの仕事としての専門分野は当時も今も、五つです。外交、安全保障、危機管理、資源エネルギーそして情報（インテリジェンス）の五分野です。

硫黄島は、かつては日米の激戦の島です。

今は海上自衛隊の基地があり、米軍戦闘機も訓練に使っています。だから安全保障の現場です。しかし安倍総理が、現職閣僚の自害という混乱のさなかに話したいことと関連があるとは全く考えていませんでした。

「総理、申し訳ないですが……」

安倍総理は、どんどん食べます。松岡事件に負けない意思が明らかに籠もっています。

「……なぜ、民間人が入れないと思いますか」

「うん？　なぜかな」

「防衛省は、海自の航空基地があるからと説明しています。だけど、自衛隊の基地は日本中にあります。硫黄島は小さな島だけど、それでも（東京の）品川区と同じぐらいの広さがあります。島全体を立ち入り禁止にしてしまう理由としては、足りないと思います」

安倍総理は依然、しっかり勢いよく食べながら、わたしの顔を黙って見ました。

青山さん、どうしたの？　何の話をしてるの。

その気持ちが伝わります。気がつけば、わたしは何も食べていません。箸だけは右手に持っています。しかし持っているだけです。

「総理、ほんとうは、見られては困る、気づかれては困ることがあるからだと思います」

安倍総理がここで『ほぉ、それは何』という、せめて顔だけでもしてくれたら嬉しかったのですが、総理の表情にはっきりと無関心が浮かんできたようにも思いました。

しかし、わたしは、自らを励まして申しました。

「硫黄島には、1万人の同胞が朽ち果てて取り残されたままです。それを無いことのようにしたままだから、あちこち自由に歩かれたり、開発があったりしては困る。そこで防衛省は、すべて自衛隊の管理にして民間人の立ち入りが無いようにしているのだと思います」

このとき、わたしは苦しくなっていました。ほんとうに、話すのが苦しかった。

安倍さんは総理大臣です。みずから任命した現職閣僚がまさかの自決、その亡骸《なきがら》が別れを告げるために霊柩車に乗ってやって来て、見送ったばかりの総理が、ほんとうは何のためにわたしとの昼食をキャンセルしなかったのか。

そのわけが、安倍総理の全身から伝わってきます。わたしへの配慮とか、青山は友だちだからとか、そんなんじゃない。

『安倍さんは、政権を続ける強い意思をみずからにも示すために、こんなときにこそ、外交や安全保障の話をしたいんだ』。そう直感しました。

しかし、わたしも覚悟を決めていました。

『この政権は持たない。ちょうど2か月あとの参院選でも勝てない。若い総理の安倍さんが掲げた「美しい国」というスローガンが国民に馴染んでいない。うまく受け容れられていない。いったん安倍政権は終わる。

だから今、安倍さんが総理で居るうちに硫黄島のことをどうしてもお話ししておかないといけない』

そう考えていました。

先の世界大戦の末期、西暦１９４５年、昭和20年の2月19日朝9時過ぎのことです。初めて日本国の領土を占領することを狙い、アメリカは、海兵隊の揚陸艇による孤島への上陸作戦を開始しました。

その孤島は、東京から真っ直ぐ１２００キロを南下した太平洋上の硫黄島《いおうとう》です。東京都小笠原村、どれほど遠い南の暑い島でも東京の一部です。

硫黄島の日本軍はその日までにすでに、烈しい爆撃と艦砲射撃に晒され続けていました。島の擂鉢山《すりばちやま》という富士山に繋がる火山は、巨大な火口が半分を超えて吹き飛んでしまったぐらいです。

ところが智将の栗林忠道《くりばやしただみち》・帝国陸軍中将の常識を外した戦略で、日本軍は海岸

2024年の硫黄島（青山撮影）。今も、手前の擂鉢山は火口が半分以上ない

で迎え撃つことをせず、それどころか地上にすらいませんでした。爪で掘るように造った地下壕に隠れ、爆撃に耐え、艦砲射撃に耐え、上陸した海兵隊員を島の奥へあえて引き込んだのです。

次から次へと襲い来るアメリカ兵はおよそ11万1千、迎え撃つ日本兵はおよそ6分の1以下の2万1千に過ぎません。

しかし上陸の前夜、アメリカ海軍の艦船のなかで海兵隊の指揮官は、部下を集合させてこう告げました。

「俺もおまえたちも死ぬ。日本は、これまで祖国のひとかけらも外国に奪われたことがない、例外の国だ。その領土を俺たちが初めて奪うんだ。日本兵は死に物狂いで抵抗する。最初に上陸する俺たちは死ぬ。しかし最後には奪って、イオウジマ（正しくは、いおうとう）を拠点に、日本の本土を爆撃できるようになる」

これは、のちにアメリカ西海岸サンディエゴの軍港で海軍の強襲揚陸艦「アメリカ」の艦内にて、わたしが海兵隊の将軍に聴いた言葉です。

おそらく実際の言葉のままではないでしょう。わたしが記録映画を視たとき、確かに、海兵隊の指揮官が艦内で部下に上陸作戦を説明するとき、これとほぼ同じ主旨の檄《げき》を飛ばしていました。ただ、言葉はもうすこし短かった。

将軍は、国防大学でこのように教わったと仰っていました。

硫黄島の戦いは、この海兵隊指揮官の言ったとおりになりました。

2月19日から3月26日まで、1か月あまりのこの世のものとも思えない残酷な死闘の果てに、アメリカ軍は2万9千人近い死傷者、日本軍はおよそ2万人が玉砕して戦死。死者は日本軍の方がはるかに多いのですが、日米戦争の中で稀な、アメリカの損害が全体としては日本を上回る戦いとなりました。しかし最後には島が奪われました。

一方で、本土への本格的爆撃はその1か月のあいだ遅らせることができたのです。

「総理、あの36日間があって、米軍の本土爆撃が遅れて、おかげで生き残った女性たちからわたしたちが生まれたのです。

それなのに、2万人の戦死者のうち1万人以上の同胞、英霊のご遺骨を島に取り残したまま故郷にお帰りいただいていません。

日本兵は悪者だったという教育を、総理もわたしも、敗戦後に生まれたすべての日本人が受けて育ったから、放ったらかしで平気なんです。

わずかな生き残りの元兵士のかたがたと、ご遺族、それから学生をはじめ篤志のある国民と、厚労省、防衛省・自衛隊が連携して、島の隅々からご遺骨の収集を進めてこられました。

ところが、米軍が戦闘のさなかから造った、本土爆撃用の滑走路の下だけは、どうにもできないできました。多くの英霊が滑走路の下敷きになったままの恐れがあります。この滑走路を引き剝がす決断は、内閣総理大臣にしかできません。多額の予算と、政治判断を要するからです」

安倍総理にこう申しているわたし自身も、かつては、硫黄島という忘れられた領土に知らん顔をしていたのです。

ワシントンDCに出張し、ホワイトハウスのNSC（安全保障会議）で議論をして、夜、近くのおんぼろホテルで原稿を書いていると、テレビから耳慣れた声がきこえました。大好きな俳優のクリント・イーストウッドがCNNのインタビューに答えています。クリントが監督した映画「父親たちの星条旗」の話です。わたしは、ふん、それがどうしたと、ちら見しながら原稿を書き続けていました。

硫黄島の戦いのさなか、日本軍の敷設《ふせつ》した水道管に米兵が星条旗をくくりつけて高く掲げたのです。その兵士たちが英雄に祭りあげられ、かえって苦しみ抜くさまを描いた映画だと知っていました。

このように、勝ったアメリカの視点で硫黄島の戦いを扱った映画は、これまでもあります。ひとの領土で勝手に違う国旗を揚げるな、そう思っていました。

ところが、クリントは「実はもう1本、映画を撮ったんだ」と言ったのです。高名なインタビュアーが驚いて「同じ島で同じ戦いで、なぜ」と尋ねました。

クリント・イーストウッドは間髪を入れず「2本目は日本の視点で撮ったんだ」と応えました。わたしは、えっと、顔を上げて壁掛けの古いテレビを見ました。

「硫黄島のヒーローズはアメリカ兵だけじゃない。日本兵もヒーローズだ。日本の視点の映画も必要さ。だから硫黄島でロケをして撮った」

気がつくと、木の椅子を蹴り倒してデスクを離れ、テレビの下に立っていました。

「おい、ちょっと待てよ」

わたしはふだん、独りごとは言いません。

しかし問わずに居られなかった。

窓の外には、暗いワシントンＤＣの街並みが見えています。

このホワイトハウスの近くは、深夜になると重い闇が降りている雰囲気になります。タクシーですこし行けば、学生街でもある賑やかなジョージタウンですが、いつも通りに原稿の締め切りに追われていました。

三の壺

「総理、硫黄島は、民間人は立ち入り禁止です。なぜ、アメリカのロケ隊が入れたのでしょうか」

安倍総理はもはや、ぽかんとした表情でわたしを見ています。安倍さんは、親しみのあるお喋りをする人です。もちろん日によって、場合によって違いはあるけど、寡黙な安倍さんは滅多に見ない。

日本人が入れない日本の島にアメリカ人が入って映画を撮る。それが勝者アメリカの視点なら、どうぞご勝手に。

しかし、日本の視点で撮るのは、捨て置けません。いくら敬愛する映画人のクリント・イーストウッドでもアメリカ人、その視点で、日本人も硫黄島の戦いをこう見ているんだと描かれて世界と日本自身に広まったら、ひとつ切りの命を捧げられた英霊に申し訳が立たない。

「総理、わたしは帰国してすぐ、防衛庁（当時）の防衛政策局長と会って、硫黄島に入って、入るだけではなく自由に調べて歩く許可をくださいと求めて、断られました。長い交渉の末に許可を得て入り、自由行動も認められて、日本の守備隊が玉砕するまで36日間持ち堪《こた》えた地下壕にも入りました」

安倍総理は、質素な昼食を、総理の体調を維持する務めとしてでしょう、どんどん食べながら、ぽかんとした表情が次第に怪訝な顔に変わり、こう仰いました。

「青山さん、あんたにだけはこうして今日、予定通り来てもらった訳は、あんただから分かっているよね。松岡が自殺して、（政権の維持が）どんなに苦しくなっても、外交、安全保障の話だけは専門家から聴いて、きちんとやっていくためだよ。

アメリカ、ロシア、中国、北朝鮮、韓国、これらとどうやっていくかという話をしてよ。なんで、硫黄島の話ばっかりなんだ」

わたしはこう応えました。

「総理、どうか聞いてください。硫黄島にアメリカ軍の新しい滑走路を造られて日本を爆撃されること、それを遅らせるためにこそ、同胞は戦われました。戦争末期ですから職業軍人はもうほとんど残っていなくてわずか千人だけ、2万人が全国から硫黄島に集められたふつうの庶民です。それが……自分のために戦った人はひとりも居ないし、自分の家族のためだけでもない。爆撃を遅らせて、女性が生き残って、まだ見ぬわたしたちが将来に生まれて、祖国を甦らせることを祈って、生きている火山の島に手掘りで地下壕を造り、70度を超える熱風が壕を走る日もあったと、わずかな生き残りの元兵士のご老人に会ってお聴きしました。赤い虫に襲われ、ドラム缶にようやく溜めたわずかな雨水を呑むと、吹き飛ばされた戦友の身体の一部が入っていたそうです。このひとたちを1万2千人も東京都の島に取り残したまま、ふるさとのご家族に帰さずに、何の国家ですか」

安倍さんは、あっと、無言の言葉を発するような顔に変わりました。

当時、取り残されたご遺骨はおよそ1万2千人でした。この日の会話から11年3か月、この書の原稿を書いている西暦２０２４年7月は、およそ1万人となっています。

将兵のご遺族、ボランティアの学生、国民のみなさんの崇高な献身、防衛省・自衛隊、厚労省の誠実な努力でじりじりと少しづつご遺骨の回収が増えました。

それ以前にも、意外でしょうが、民主党政権の時代に尊い努力がありました。

しかし、もっとも多くの方が閉じ込められている可能性のある滑走路の下は、滑走路を引き剝がさないと救い出せません。そのために今も、戦死者のおよそ半分が故郷に帰れないままです。

「総理、わたしは硫黄島の滑走路にひざまづいたのです。わたしもまた、滑走路に飛行機でどーんと降りて、そして飛行機を降りたらこの足で、英霊を踏みつけにしています。そのことにお詫びを申しあげるためです。そして誓いました。英霊のみなさま、必ず滑走路を引き剝がして、みなさまにふるさとへ帰っていただきます。そう胸の中で申しあげました。

総理、おそらくこの政権はもはや長続きしません。自由民主党内の親中派や親韓派、親北朝鮮派の抵抗が強すぎます。残念ながら、それに負けています。いずれ内閣総辞職でしょう。

しかし安倍総理はきっといつか再登板なさいます。そのときは、どうか、硫黄島に行ってください。伏して、お願いします」

寛容な安倍総理は、この非礼な言葉も含めて、不肖わたしの申すことをすべて聴いてくださいました。

閣僚に死なれたばかりの総理はみごとに完食、関係のない民間人のわたしはほとんど何も食べていないことに初めて気づきました。

安倍総理はその背中に、『話題が違ったままだろ。外交、安保の話はできないまま時間が来ちゃったよ』、多分そういう怒りを滲《にじ》ませて、部屋を出て行かれました。

その背中を忘れることはありません。

いつもは飄々《ひょうひょう》としている背中に、なにか複雑な感情が浮かんでいました。

四の壺

このわずか4か月後に、安倍総理は突然の辞任、内閣は総辞職となりました。

そして5年と2か月のあいだ、経済と安全保障の具体論の学び直しに精進され、日本国の宰相に再登板を果たされたのです。西暦2012年、平成24年の年の暮れに組閣がありました。

それから半年も経たない西暦2013年、平成25年の4月半ばに、安倍総理はその硫黄島に行こうとされているのです。

あの背中を見送って、安倍さんは「きっと再登板なさるから硫黄島に行ってください」

というわたしの提案をきっと、忘れ去られるだろうと思っていました。

内閣総理大臣は考えること、記憶すべきことが多すぎます。腹が立つような提案は忘れていかないと、神経が持ちません。

安倍総理が首を回して、わたしの眼に「青山さんが、行けと言ったじゃないか。硫黄島に」と仰ったとき、まさか、覚えておられるとはと驚きつつ、あぁ、きょうは、ほんとうはその話をするためにわたしを安倍総理みずからが呼ばれたのだ、総理官邸の意外な人からの連絡では「体調不良」ということがショッキングだったけど、総理には別の意図があると気づきました。

「あのさ、（硫黄島の）滑走路の引き剝がしに大体いくらかかんの」

いきなり問われました。

「少なくとも400億円、多いと500億円を超えます」

「少なめになるってことは無いね。こういうのは大体、増えるから……500億以上だろ」

「はい。引き剝がす前に、島の北部に仮滑走路を造らねばなりません。自衛隊や米軍に、海上保安庁も使う生きた滑走路ですから。硫黄島は今も、戦略上重要です。しばらく使えませんというわけにいきません」

「その通りだろうね」

「そういう費用も合わせての400から500億です。実際にやってみると、試算より高くなるということがよく起きるのは、総理が仰るとおりです」

この試算は、防衛省の知己が秘かにやってくれたものです。安倍総理は特に、数字の出所を聞きません。一方で、数字やデータを聞き流す総理ではありません。どこか茫洋とした大らかさもあるのに、データは重視です。

おそらく、いつも通りに信頼してくれているのでしょう。

総理の顔からみるみる、疲労の色が薄れていきます。

『安倍さんは一気に4か月を走ってきたんだなぁ、疲れも出るよ、それは。再登板のプレッシャーは、第一次政権のときとはまた別の重さなんだ』

そう思いながら「問題はコストだけじゃないです。引き剝がして、無事にご遺骨がどれだけ見つかるかです」と申しました。

「あの火山島の熱い地下で、人間の骨が70年近くもほったらかしにされて、無事にあるのかです」

「なるほど。しかしさ、全部、消えてなくなるってことは無いんじゃないの」

「ぼくもそう思います。だから、骨の学者を訪ねてみたんです。火山学者や、地質学者にも会いました。海外の大学も行って聴いてみたんです。結局、分からない。そんな研究例は無いそうです」

「そうかぁ……だけどさ、やんなきゃ」

「はい」

「仮に500億だとすると、単年度の予算にしないで50億づつ積んでいけばいいじゃないか」

これは本気だ。

「総理、総理が真剣に考えてくださっていること、うれしいです」

「うん」

「同時に、滑走路の引き剝がしだけではなく、1万人ものご遺骨が一体どこに行ったのか、アメリカ政府と連携して再検証も必要です。

全員が滑走路の下とは思いません。アメリカ軍はとにかく早く、日本の本土を絨毯爆撃《じゅうたんばくげき》したかったので、日本兵のご遺体が地下壕にあっても、地表にあっても、ほぼ構わずその上にどんどん滑走路を造ったとペイコム（PACOM／ハワイ真珠湾の米軍統合司令部）

で聴きました」

「あぁ」

「だから滑走路の下には、いらっしゃる。しかし、総理」

「うん」

「栗林中将が最期の突撃を敢行されたとき、動ける部下はすべて運命を共にされました。地下壕に居たひとは、もはや動けなかったひとだけです。ですから全員ではありません。島の地上はすべて捜索されていますが、それでも草むすままのご遺骨は皆無ではないでしょう。それから海兵隊の将軍に聴くと、日本兵のご遺体を海に引きずり込んで、ナイフで頭をしゃれこうべにして、アメリカの自宅へ持って帰った兵士も少数ながらいたそうです。しかし、それはあくまでごく少数です」

「……初めて聴くな、それは。青山さんはいつも直接取材だよね」

「多面的な再検証が必要です。同時に、滑走路の引き剝がしは欠かせないんです」

「俺もそう思うよ」、安倍総理はそう言いながら、ちょっと俯《うつむ》いて何かを考えつつ、「(滑走路を引き剝がす)予算を積んでいく前に、やらなきゃいけないことも、多分、あるよね」と仰いました。

「そうです。たとえば、地下探査技術を使って、滑走路を剝がさなくても所在を把握できるご遺骨があるかどうかの調査です」

「うん。とにかく、俺が硫黄島に行って、（政権と総理の）姿勢を見せるからさ」

「今度の日曜ですか」

「うん、（4月）14日の日曜日」

「今の体調では、日曜日に休んで欲しいと考えてるかたも、官邸にはいらっしゃるようですよ」

「いや、行ける時に早く行っておきたい」

「それは、ありがたいですが、内閣総理大臣は体調の維持が第一です」

「その通り。大丈夫だよ。行く」

安倍総理が何も仰らなくても、時間がとっくに来ていることは分かります。

わたしは深々と一礼して、秘密の通路を外の世界へ戻りました。

ついにひとりの秘書官、官邸当局者とも会うことなく、まるで流れる水の一滴のように静かに。

SP（警護官）は、唯ひとりだけわたしに目で会釈されました。しかしそれは、通路からすでに出て、官邸の敷地から東京の街へ脱ける寸前のことです。

通路には、前述したように監視カメラがありませんでした。ＳＰは命《めい》によりわたしが出たことだけを確認して、警護の本部に連絡されるのでしょう。

何事もなかったように雑踏へ混じり込むと、人の往来を縫うように春の風がやって来る。わたしは理由の分からない不安を感じました。ふだん、こうはなりません。身体のなかにしんと鎮《しず》まっているおのれがいて、何があってもあまり不安は感じないのです。

風は優しい。東京はいつも通りの街です。安倍さんも話の最後には、生き生きとされていた。再登板後の第二次安倍政権は、日本の主権者の新しい期待を背負って、歩き出しています。

何がいったい、俺は不安なのか。

そう思いながら、地下鉄の駅へ向かったのでした。

五の壺

そして西暦２０１３年の４月14日の日曜がやって来ました。

これまで述べたように、そのとき安倍総理は再登板されてわずか3か月半。

不肖わたしは、思いがけず国会議員となるまで、まだ3年と3か月あります。独立総合研究所（独研）の社長・兼・首席研究員です。

近所のジムでトレーニングしながら、当時に参加していた関西テレビの夕方のニュース番組「スーパーニュース・アンカー水曜日」の「青山のニュースDEズバリ」コーナーで今週は何をやるかを考えたりしていました。

官邸での安倍総理との硫黄島をめぐるやり取りをテレビ番組で話したりするつもりは、もちろんゼロでした。

一視聴者として、総理の硫黄島訪問のニュースを心待ちにしていました。

すると「安倍総理が硫黄島で土下座した」という報道がいくつか流れてきたのです。

それら報道は揃って『やっぱり安倍は右翼』というニュアンスです。マスメディアは、英霊という言葉は決して使いません。使いませんが、『安倍総理に言わせると英霊、つまりは硫黄島の戦没者、それに対して土下座するというのは右翼だ』という感覚でしょう。

詳しいことは分かりません。

しかし「土下座」という言葉を目にした瞬間、あっ、総理はそれも覚えておられたのかと、またしても驚きました。

そして「土下座じゃないよ、それは」とふたたび、独り言です。独り言は言わないはずのわたしが、硫黄島のことになると、なぜか独り言を強いられます。

松岡利勝農水大臣が自決なさった翌日、第一次政権の安倍総理と官邸の一室で簡素な昼食を共にしたとき、こう申しあげました。

「総理、わたしは硫黄島の滑走路にひざまづいたのです……飛行機を降りたらこの足で、英霊を踏みつけにしています。そのことにお詫びを申しあげるためです。そして誓いました。英霊のみなさま、必ず滑走路を引き剝がして、みなさまにふるさとへ帰っていただきます……」

あれだ。

そう繫がりました。

土下座じゃなく、ひざまづかれたのだ。

具体的にはどんな様子だったのか、しばらく経ったら安倍総理の携帯電話に電話して聞いてみなければと考えていると、３日後の４月17日、総理官邸の公式フェイスブックに次々、写真が載せられました。

2013年4月14日、安倍総理は硫黄島に降り立った　総理官邸公式フェイスブックより

その公開情報のおかげで、よく分かりました。

まず、安倍総理は硫黄島に航空自衛隊機で降り立ちました。

その後ろは、総理秘書官の大石吉彦さん。もう話していいと思いますが、危機管理も専門分野のひとつである民間専門家のわたしと、テロ対策の実務を通じて知友です。

警察庁出身の大石さんは、再登板後の安倍総理の秘書官を6年も務めて、やがて警視総監になられました。社交辞令抜きで穏やかな、公平なお人柄で、静かに芯の通った国士です。

のちに安倍さんが奈良の街頭で暗殺され、大石警視総監は大石さんらしく潔く、事実上の引責辞任をされました。

そんな因縁など、安倍さんも、大石さんも、わたしも、この当時はカケラも知りませぬ。

島と海を護る自衛官に訓示され――

天山の慰霊碑で献花され――

地下壕に入られ――

総理官邸公式フェイスブックより

総理官邸公式フェイスブックより

別の地下壕から取り出した土をふるいに掛けてご遺骨のかけらでも、歯の半個でも見つけようとする作業を間近でご覧になり――

暑さの募るなか多くの日程をこなされました。

そして同行の記者団が先に、次の訪問地の父島へ飛び立ったあと、安倍総理も父島へ向かうために自衛隊の飛行艇へ滑走路上を歩かれているとき、突然に、ひざまづかれたのです。

安倍総理はさらに、滑走路に両手を突かれて、何かを語りかけるような所作をされました。

これが人によっては土下座に見えたのでしょう。

土下座ではありません。わたしはその後、安倍さんとの短い電話で、総理が滑走路下の英霊に、深い感謝と、決意を述べられたことを確認しました。

安倍総理はわたしに「青山さんが言ってたように、この滑走路を引き剝がして、必ず、（英霊を）故郷に取り戻しますよと誓ったんだよ」と仰いました。そして「踏みつけにして申し訳ございませんとも言ったよ」と付け加えられました。


のちにお会いしたとき、安倍総理は明るい笑顔で再び、滑走路を引き剝がす予算に触れられ、「単年度で終わる事業じゃないからね。何年かにばらしたら、予算は調達可能だと思うよ」と確認するように、仰ったのです。

総理官邸の公式写真で安倍総理の右側に居る白い制服姿は、当時の海上幕僚長、河野克《かわのかつ》俊《とし》さんです。

河野さんは、このあと陸海空の全自衛隊を束ねる統合幕僚長になられてから、安全保障も

総理官邸公式フェイスブックより

分野とする民間専門家時代のわたしと議論を重ねるようになりました。光栄なことです。

　確たる世界観を持つ、優れた戦略家です。

　統合幕僚長の任期が切れる時期が来るたびわたしは、安倍総理に電話して任期延長をお願いし、すべて実現しました。

　この河野さんも、安倍総理の意外な行動に驚かれつつ、土下座という見方は一度もされませんでした。

　河野さんは勇退後、安倍総理が暗殺されて1周忌の西暦2023年、令和5年の7月8日、「JBpress」というネットメディアに、こう書かれています。原文のまま引用します。ただし一部です。

「安倍総理は（硫黄島の）視察を終えて、次の視察地である父島に向うために飛行艇に乗り込む際、いきなり滑走路にひざまずかれ、手を合わせて、頭を垂れられたのである。報道陣は先行して父島に既に向かっていたので、この時点ではマスコミは硫黄島にはいなかった。したがってパフォーマンスでも何でもない。

私も含め、随行者は誰一人予期していない行動だった。滑走路の下にも日米の将兵のご遺骨がいまだに埋まっていることをご存じだったのだ」

このあと、わたしは河野さんに、松岡農水大臣の自決の翌日、第一次政権の安倍総理に硫黄島訪問をお願いしたこと、再登板後、総理が硫黄島に行かれる直前に「次の日曜に行く」という決意を聞かされたことを、簡潔にお話をしました。

もはや安倍さんは亡く、河野さんも自衛官を終えられて著名な論者になられ、話してもいい時機となったと考えたからです。

河野さんは膝を打つように、「そうだったんですか。それで分かった。謎が解けた」と仰ったのでした。

六の壺

この書を執筆している、西暦２０２４年、令和６年７月現在、硫黄島はどうなっているのか。

遺族が結成なさった硫黄島協会を軸に、依然としてボランティアのかたがたらと防衛省・自衛隊、厚労省によって、ご遺骨のわずかづつの回収が続いています。

２０２４年３月30日に、自衛隊とアメリカ合州国海兵隊の合同慰霊祭が硫黄島で開かれました。

わたしは志願して、国会議員のひとりとして参加しました。

そのとき、自衛官から新たに弾薬庫が発掘されたと聞きました。

こんな大きな、しっかりした弾薬庫がこれまで80年近くも埋もれていたのです。

その弾薬庫の内部で３人、弾薬庫の出入り口あたりで２人、新たに英霊のご遺骨が見つかりました。

ご遺骨はふつうは「何柱」と表現します。

しかしわたしは何人とお書きします。わずか80年ほど前に、この祖国に生きておられた同胞（はらから）だからです。
さらに、弾薬庫からすこし離れた場所で、おふたり分の大腿骨が見つかりました。
左下写真のシートの掛けられた、その下です。
自衛隊の担当官は「両足以外の体が、米軍の攻撃で吹き飛ばされ四散したこともあり得

ると見ています」と話されました。

一方で滑走路は、地下探索レーダーによる調査やボーリング調査を行い、地下壕とご遺骨の存在を確認する作業が継続しています。

硫黄島はこのごろ火山活動がとても活発になり、海岸線が大きく変わり、島が膨張し、

地下にもその影響は及んでいます。それもあって地下の探索は簡単な作業ではありません。滑走路の下のどこにご遺骨があるか、それを確認できないと滑走路を引き剝がす段階にはいかないというのが、現政権の姿勢です。

また、わたしが安倍総理に話したように、熱い火山島である硫黄島の地下で、およそ80年を経た人骨がどうなっているのか、無事に見つけられるのか、確言できる学者はいません。前例がありません。

このために、「代用の滑走路まで造って引き剝がして国費を500億円以上も使って、あまり英霊をみつけられなかったとしたら、納税者のみなさまにどんな申し開きをするのか」という深刻な心配をする何人もの政治家と行政官（官僚）がいます。

それでも、安倍さんを暗殺で喪った今なお、わたしたちの志はなにも衰えていません。硫黄島をめぐる安倍晋三内閣総理大臣の行動とお考えは、安倍さんの歴史観、国家観、人間観を語ってあまりあります。

それは、不肖わたしの掲げ続けてきた理念と国家哲学とも、土台で通じています。

七の壺

さて、その安倍さんと、どうやって出逢ったのか。

最初の記憶、それは凄絶《せいぜつ》な光景でありました。

安倍晋三さんの実の父親、安倍晋太郎さんが、若い政治記者だったわたしの眼前に立っています。

安倍晋太郎さんが外務大臣だったとき、ワシントンＤＣで米国のシュルツ国務長官と並んで立つと、晋太郎さんの方がさらに背が高かった。

その際立つ長身が、胸も腹も、そして腕も太腿《ふともも》もまるでスーツに空洞があるかのようで、ぶかぶかです。

前のめりに斃《たお》れようとするのを、常人ではない気魄《きはく》で堪《こら》えているようにみえました。

太い黒縁めがねの奥は、常と変わらず穏やかな両眼です。しかし記者の質問を待つのではない、自分から語りたい、その剝き出しの意欲を見る気がしました。

初めてのことです。

なぜ初めてか。ふだんと逆だからです。わたしは未熟な記者に過ぎませんでしたが、安倍晋太郎さんは、仕掛けるより待つ人という印象でした。

安倍晋太郎さんは、大派閥の安倍派の長です。外務大臣をはじめ通産大臣、農水大臣、官房長官、それに自由民主党の幹事長、総務会長、政調会長の三役をすべて務めた、極めつきの大物でもあります。

ところが内閣総理大臣にだけはなれないまま、末期癌の疑いで東京の順天堂大学医学部附属順天堂医院に入院していました。

その死期の取材陣に加わるよう、わたしは共同通信社編集局の政治部から命じられて、この病院に居たのでした。

しかし本来の担当の派閥記者はみな大先輩で、わたしは単なる応援組です。おそらくもっとも若手の記者のひとりでした。政治記者の入り口である「総理番記者」を終わってから、そう長くはありませんでした。

この界隈は、お茶の水のニコライ堂に近い。

わたしも書店やスキー用品店、楽器店へ通った学生街から、大きな橋を渡って、すこし離れて、赤に近いベージュ色の順天堂医院が立っています。そこには医師や患者よりも数多いかと思うほどたくさんの政治部記者や社会部記者、それにテレビ記者が群れていました。

　総理大臣になり損ねた大物政治家の最期の悲劇を報じるために、これほどの大取材陣になるのです。

　わたしは胸の裡（うち）で、孤独と言えば孤独でした。みずから強く望んで記者となりました。しかし人の不幸の匂いに集まるようなことは、そこに社会的使命はあると知っていてもなお、抵抗を感じていました。

　いや、書くのが辛いこの本では、すべてをもっとありのままに述べましょう。

　行き交う先輩記者たちの表情が、受け容れがたかったのです。

　成功者が思いがけず打ちのめされ滅びゆく姿を視る、どこか卑しいような好奇心と、その成功者へのぬめっとした媚びと、型どおりの「使命感」なるものから来る傲慢とが一緒くたになっているようにみえる……と言えばすこし大袈裟かも知れません。しかし実感です。

　眼前の安倍晋太郎さんは、両の頬だけは痩《こ》けていません。

　黒縁めがねの両脇で、ぷっくりと、まるで大きな赤ちゃんのように膨らんでいます。

　その両の頬に思わず、眼を凝らしました。

何かを疑ったのではありませぬ。わたしは、人をほとんど疑いません。そういう意味では、記者に向いていない性格を奥に秘めていました。

しかし不自然です。

ご病気で、無理の掛かる治療もされているのでしょう。それでも人間の頬があのように、不均衡に膨らむのかと不思議に思い、はっと気がつきました。

『安倍晋太郎さんは、頬に何かを入れている。

きっと綿かな。なんという気構えだ。命の最期の一滴まで、日本に尽くすのだ。

ひとによっては、癌を隠して政治家を続けようとする醜態だと思う人も居るだろう。

そういう記事も、いずれは書く記者も居るだろう（実際にその後、そういう記事が溢れました）。

しかしそれは違う。

綿まで入れないと人前に出られない状況で、ご自分の死期を悟らないはずはない。いくつもの重要閣僚、それに自由民主党の三役を歴任した人物でもある。実際、癌の再発を医師ではなく家族から告げられたとき「そうか」としか言わなかったと聴いている。

外交日程があろうが、現職の外務大臣ではない。ベッドに楽に寝ておられればいいのに、外交に参加される。旧知のゴルバチョフ大統領の印象に残っただろう。「日本の政治家はここまで義理堅いのか」と。だから、国政に意義はある。さらにこうやって記者会見をなさる。

凄絶ではないか』

そう考えました。

しかし驚きの眼はそこでしずめて、周りをあらためてよく見てみました。わたしは国民に現場の情報を伝える責任のある記者でありました。

すると安倍晋太郎さんの斜めうしろに、ほっそりと背の高い、しかし晋太郎さんほどには高くない、すっきりした表情の青年のような人物が立っています。

記者会見を仕切ったりすることはまったくなく、穏やかに黙していますいくぶん俯き加減です。

それが36歳の、安倍晋三さんでした。

平成3年、西暦1991年の春爛漫のころでありました。

八の壺

そのとき「あれは次男の晋三さんだ」と教えてくれる人は居ません。

晋太郎さんとはさほど似ていないながらも、息子さんだとは感じました。

眼の表情などは、お母さんの安倍洋子さんに似ているなとも思いつつ、兄弟のなかでひとりだけ、この場にいる意味を知りました。

あぁ、このひとにとって、父の間近な死はご自分の新しい責任を意味するのだろう、そう考えました。お父さんが、骨の浮き出た両の肩に背負う重荷を、受け継ぐのだ。

黙した表情に、どこか決然と覚悟を決める気配があります。

わたしとほぼ同世代、しかしまさか、やがてゆっくり時間をかけて秘かに親友となり、このひとに請われて、決してならないはずの国会議員となり、そして令和の時代の西暦2022年7月8日の暗殺の日に、その直前まで偶然に一緒に居てたがいの眼を覗きあって話していることになろうとは、思うはずもありません。


その安倍晋三さんの父、晋太郎さんが順天堂病院にて最期の日々を迎えられていて、わたしは、いくつか自分なりの取材テーマをおのれに課していました。そのひとつは例えば、家族のうちどなたが死の床の周りにいらっしゃるのかということです。

そして夫人にして、岸信介元総理の長女でもある安倍洋子さんの来院を、公表の前に知り、しかしデスクにも連絡せず、記事にもしませんでした。

こんな男は、記者に向いていません。公人とは言え、その死の床を訪れる家族は、そっとお出でになりたいだろうと考えたのです。

どうせ、いずれ公表されるのだから、自分だけ抑えても意味はありません。しかし、わたしは、かすかな意味はあると考えていました。家族は、ほんの少しの間でも騒がれずに居たいでしょう。

安倍洋子夫人の来院を知ったとき、ふと、安倍晋太郎さんはその息子さんたちのなかで誰に世襲させるつもりか、ご自身で、もう決めているんだと思いました。

長男ではないんじゃないか、なぜかそう感じました。次男の安倍晋三さんかなぁと漠然と考えました。

これは実は、わたしのようなただの応援組ではなく、安倍派担当の派閥記者にとってはすでに常識でした。

わたしは当時から、そして思いがけず国会議員となっている今も、政治権力の世襲に真っ向から反対です。

たとえばナポレオン・ボナパルトを考えてください。共和国フランスのリーダーのはずが、派手な戴冠式をみずから演出して皇帝になりました。共和制の否定ですね。しかしそこまでは、フランス革命後の周辺諸国の圧力から祖国を護るためのひとつの選択肢だったかも知れません。

ところがお妃のジョセフィーヌが子供を産まないと知ってから、ナポレオンの運命は狂います。

あれほど深くジョセフィーヌを愛していたのに、皇帝の座を一族で独占しようという欲が肥大して、離縁し、別の皇后陛下とその子、ナポレオンⅡ世を得て、ジョセフィーヌは病死します。そのあいだに軍事の天才のはずのナポレオンは敗戦を重ね、最期は、勝者の英国に亡命しようとして拒まれ、流刑地の英領セントヘレナ島で命が絶えます。

この経緯は、ナポレオンだけではなくフランスの運命も暗転させました。

誰でも知る歴史です。ただ、わたしには、世襲という欲の落とし穴に墜ちた男の悲劇にもみえます。

安倍晋太郎さんも世襲の罠の中のひとだと考えていました。

毎日新聞の政治記者だった晋太郎さんは、有力政治家の岸信介さんの長女、洋子さんと結婚します。岸さんが外務大臣になると大臣秘書官になり、総理になると、総理秘書官になり、そこから政界入りを目指します。

そもそも晋太郎さんは安倍寛《あべかん》代議士の長男ですから、実のお父さんと、義理のお父さんと、二重の世襲政治家です。

安倍晋太郎さんは因習の、古い、「自民党政治」のなかで総理総裁の有力候補にまでのし上がり、その過程で岸元総理と共に朝鮮総連や統一教会に強力な裏支援を求めて関係を深めました。

わたしは順天堂医院に詰める若い記者の当時から、そこに、やがての厄災《やくさい》の気配をいわば自然に感じとっていました。

しかし31年後に、(旧) 統一教会信者を母に持つ男が、手製の銃弾を発して次男の安倍晋三さんを襲うとは、まったく知る由《よし》もありません。

一方で、次男と違って父の安倍晋太郎さんが総理になれなかったのは、そういう三代にわたる深い影とは関係がありません。

晋太郎さんが騙され易いひとだったから、総理には届かなかった。それが事実です。

九の壺

誰が騙したのか。

のちに「平成の妖怪」と称された中曽根康弘総理（当時）です。

中曽根総理の5年におよぶ長期政権の最後のちょうど1年間を、わたしは総理番記者として中曽根さんの間近に居ました。

中曽根総理が起きられる前に総理公邸に入り、総理が総理官邸や国会議事堂で執務されるとき共に動き、公邸に戻られ就寝なさったあとに来客がもはや無いことを確認して公邸を去る、その生活を続けました。

中曽根さんはビックリの総理です。

一国の指導者が常人じゃないのは当たり前かも知れませんが、中曽根総理は昭和の三奇人のひとりじゃないでしょうか。

他のふたりがどなたかは存じませぬが。

何があっても平然と落ち着き払っていて、それでいて腹の中は真っ黒、あ、いやいや策略、あ、もう一度いやいや、創意工夫がぐるぐる回っていて、口から発するすべての言葉はひとことひとこと、すべて計算ずく。それでいてご本人は負担をまったく感じていない。

では、ただの権謀術数のお人なのか。

違うのです。

秋の始まりの日、中曽根総理を乗せた総理車と、警護の車列が突然、予定のルートを変えて不可思議な方向へ走り出しました。

車列のいちばんうしろに、総理番記者をふたりだけ乗せたバンシャ（番車）がつくことが認められています。そのふたりは共同通信と時事通信の記者であることも定められています。

番車のなかで、共同通信のわたしと、時事通信のともに若い記者は懸命に、それぞれの車載電話を使って行き先を摑もうとします。当時はまだ、携帯電話は普及していません。しかし内閣官房でも内閣情報調査室でも総理秘書官室でもまったく分からないのです。こうなると、日本の全メディアの耳目はわたしたちだけが頼みになります。総理が白日の下で予定外の場所に行くなど、ふだん決してあり得ません。いったい何事か。

車列は長距離の高速道路をどんどん走り、やがて高速を降りると、国会からも官邸からも遥か遠い山中を登っていきます。紅葉の始まっている坂道でついに止まりました。わたしと時事の記者は番車から飛び出して、総理車へ走ります。すると総理車から中曽根康弘内閣総理大臣が悠然と、その長身を現して、なぜかこちらを見て待っているかのようです。これもあり得ません。総理が記者を待ったりしません。

走り寄ると、総理はひらひらと手招きして「青山くんだけ来なさい」と仰いました。気がつけば、そこは霊園の門です。

時事の記者は茫然としています。年下で、弟のように思っている記者でした。

とっさに「あとでちゃんと話すから」と彼に告げて、中曽根総理とその門を入りました。ただし、わたしにも訳が分かりません。

すると総理はＳＰ（警護官）の隊長に「あなたも、みなも、下がりなさい。大丈夫だから」と仰いました。当番の総理秘書官にも「あなたも」と告げられました。

そして中曽根総理とわたしはふたりだけで霊園の奥へ奥へと歩きました。総理が立ち止まった墓石をみると、中曽根康弘と彫られています。

周りはふつうのお墓が並んでいて、特別な場所ではありません。

総理は、背をかがめて長い腕を伸ばし、下の方の墓室を開けて覗き込んでいます。

「青山くん、私はいずれ、ここに入るんだよ。きみはいつも、私をあれこれ追及するがね、私はこういう覚悟でやっておるんだよ」

その瞬間、わたしの胸に、海軍主計中尉だった若き日の中曽根総理の眼前で、部下の乗る輸送船が燃える光景が浮かびました。もちろん知識として知っていただけです。23人の亡骸をボルネオ島バリクパパンの海岸で焼き、「戦友焼く　鉄板かつぎ　夏の浜」という句を詠まれています。

中曽根さんは帝国海軍の士官だったことを自慢しているとされ、「自分だけは死にたくないから、経理担当の主計尉官になって最前線を回避したくせに」と、物知り顔の政治評論家らに陰口を叩かれていました。

あぁ、総理は、国のために死したかつての部下と共に生きているんだなと思いました。

『その死生観でレーガン大統領にもサッチャー首相にも、日本の政敵にも対峙《たいじ》されているんだ。

ところで総理、ぼくも追及したくて追及してるんじゃありません。総理が執務室からお出になると、沢山の総理番記者が群がる。てんで勝手に質問しては迷惑でしょうから、自然にひとりが代表する形で聴くべきをお聴きしているのです』

そう思いましたが、何も言わずに黙していました。

すると中曽根総理は「きみは、弘文《ひろぶみ》のように人当たりのいい奴がいい人だと思っとるだろう」と、また意外なことを仰います。

弘文さんは、中曽根弘文さん。総理の長男です。やがて外務大臣になられました。

「弘文は、あそこまで来て、拝んで、ここまでは来ないで帰ってしまう奴なんだよ」と仰るので、総理の目線を辿ると、中央道です。走る車のフロントガラスが夏の名残のような日差しに光るのが見えました。

中曽根総理は、弘文さんの穏やかな人柄、思いやりのある生き方を愛されていました。仰りたかったのは、若いわたしたちの人間観がいかに浅いか、それだったのでしょう。

ひとを一面だけで見てはいけない。中曽根総理が部下の無残な死で培われた死生観をお持ちだったのもほんとうだし、とんでもない策略家だったのも、ほんとうです。

中曽根総理は、5年を務めて、ただ退任するのでは無く、次の総理を指名する権限をいつのまにか握ってしまいました。

もちろん、日本の総理に後継の指名権などありません。

ところが中曽根総理は、安倍晋太郎さんに加えて竹下登、宮澤喜一の3人、当時は「安竹宮」（あんちくみや）と称された後継総理の候補を巧妙に競わせて、まるで魔術のように「指名権」なる、実在しない権限を握りました。

マスメディアも「中曽根総理は誰を選んで指名するのか」に、ありとあらゆる取材と記事と放送が集中するように仕向けられてしまいました。

あとから考えれば誰がみても、あり得ない、奇妙な雰囲気を日本の政界と社会全体に確立してしまったのです。

「したたかと　言はれて久し　栗を剥く」という絶妙な一句を、中曽根さんは詠んだ総理でもあります。そして、前述のバリクパパンの句よりも熟した心境があります。こんな総理は他に居ません。

そして中曽根総理は安倍晋太郎さんを選ぶかに見せかけました。

時事通信をはじめメディアが「安倍晋太郎政権誕生」と誤報を打つよう仕向けたのです。

共同通信社政治部の筆頭デスクがわたしに「青山くんは、ナカソネ（呼び捨て）と個人的に話しているらしい。きみは、どう見る。うち（共同通信）は竹下説なんだ」と深更の政治部で尋ねました。

わたしは即座に「中曽根総理の意中は、竹下さんだと思います」と答えました。その通り、まもなく竹下政権の誕生となりました。

十の壺

中曽根さんは総理を退任されたあと、総理番記者を卒業して政治記者を続けていたわたしに、「陛下の御代（みよ）替わりを私の指示通りに行うのは、竹下（呼び捨て）だったから」と語ったのでした。

昭和天皇が崩御された翌年、西暦１９９０年、平成2年の頃です。

昭和天皇が恐れながら死病に罹患されていることを、宮中以外に初めて知ったのが中曽根総理でした。

自由民主党が夏の軽井沢で全党の研修会をひらいたとき、中曽根総理は講演で突如、「天皇陛下は輝く太陽であります」と発言しました。前後の脈絡もない言葉に、周りの先輩記者は首をひねってから、無視します。

若い総理番のわたしは、中曽根総理が総理車へ乗り込もうと腰を屈めたところへ駆け寄りました。ふつうならSPに撥《は》ねのけられます。しかし、ふだんから焼き肉を一緒に食べている警護官たちです。周囲を警戒しつつ黙認です。

わたしは総理の耳元で「総理、陛下はご病気ですかっ」と、直感だけを頼りにお尋ねしました。

なにっ、と、ぎょろ目で睨んだそのまなざしが、昭和の終わりを告げる始まりだったのです。

なぜ中曽根さんだけが知ったのか。

現職総理だったからというだけではなく、「自分は昭和天皇の臣《しん》である」という秘かな信念が強かったためもあるでしょう。

中曽根さんが総理在任時に、総理秘書官のひとりのご自宅に夜回り取材を掛けていると「青山くん、明日の土曜に官邸に来ないか」と仰ったことがありました。

総理は不在で、人気（ひとけ）のない総理官邸に顔を出すと、秘書官が内緒で総理執務室に入れてくれました。

真っ先に、壁と天井の境目にすきま無く、写真が掲げられていることが目に付きました。すべて当時の今上陛下（昭和天皇）と中曽根総理の写真です。

総理秘書官は微笑を浮かべて、「そうだよ。青山くん。総理は、臣中曽根（しんなかそね）、それが本音なんだ」と仰いました。この書の冒頭近くで記した通りです。

その中曽根総理は、現憲法の下で日本が初めて経験する天皇陛下の崩御と即位であることの意味を、良く理解されていました。

たとえば大喪の礼は、ほんらいはすべて神道儀式です。しかし現憲法がアメリカの意思によって神道を排除している以上、そのまま挙行できません。一方で、神道を全否定すれば日本の伝統から外れてしまい、天皇陛下をお送りする儀式になりません。

ぎりぎりのバランスを取る創意工夫を必要とします。

中曽根総理は、大嘗祭《だいじょうさい》をはじめ皇位の継承をめぐる宮中の祭祀について、学術書まで、下線を引きながら読み込まれて勉強を重ねていました。

「宮澤はアメリカかぶれだから下手をすると、これを機会に陛下の否定に走りかねない。安倍（晋太郎）は陛下のことなど何も考えていない。竹下も考えていないが、教えれば、そのままやる」

すべて呼び捨てで、驚くほどずばずば仰います。これをわたしに語られた西暦1990年の当時は、すでに総理を退任されていたからでしょう。

わたしは、では、なぜ安倍晋太郎さんに指名するかのような演出をなさったのですかと当然、聴かねばならなかった。政治記者なのだから。

しかし、中曽根前総理の特徴のある大きな両眼を、わたしの垂れ目で見つめて黙して聴いていました。

「しかし竹下を指名するということが事前に漏れたら、潰されておった」

『へぇ。それはなぜなんだろう。

竹下派は、安倍派をむしろ凌ぐ勢力を持っていた。第一、中曽根さんが魔術のごとく指名権を握ってしまっていたのに。

そうか、ほんとうは、その指名権がただの幻であることを誰よりも知っていたのが、この中曽根さんだったんだ。

だからとにかく偽情報を流して、それも疑り深い宮澤さんじゃなくて、すぐ信じてしまう安倍晋太郎さんをターゲットにして陽動作戦をやらかしたんだ。

中曽根総理は、竹下さんを、田舎の助教師上がりとみていた。竹下登さん本人が「俺は英語もできないのに、戦後のどさくさに地元で英語の助教師をやってＡＢＣとか教えてたよ」と語るのが癖だった。自分を低く見せるのが好きだった。

お坊ちゃまの安倍晋太郎さんよりも、素封家の出ながら苦労もされた竹下さんの方が、総理に指名されたことにいつまでも感謝して、言うことを聞くとお考えだったのだろう』

そう考えて、まるでミステリーの謎解きのように感じながら、中曽根総理から思わず、じっと眼をそらさずに居ました。

『騙された安倍さんは、竹下さんの次には総理になれるのだろうか。もしそうなれば、日本のためにはいいことなのだろうか。目の前の中曽根さんは、隠然たる影響力を再び発揮しようとなさるのか、それとも、もはや身を慎まれるのか』

十一の壺

中曽根さんはこのとき、椅子に座られている姿は総理時代と同じく悠然たるものです。わたしは『変わらないなぁ』と内心で感嘆しました。

ところが椅子を立たれようとして、別人のごとく苦しまれる姿が一瞬、見えて、すぐ腰を元に戻されました。表情は何事も無かったかのようです。

まさしく、ほんの一瞬です。

そしてもう一度、立たれるとき、早くも工夫なさったのか、椅子から広い机に手を滑らせて回り込むようにするりと立たれ、立ってしまうと相変わらず威風堂々たるお姿です。

しかし、わたしは、そのまえの一瞬の苦しみに、あっと息を呑みました。権力者が権力を喪うと、やはり一気にこうなるのかと思いました。しかし逆に、きっと百歳を超えて生きられるだろうと予感しました。

なぜそう予感したのか。おのれでも分かりません。ただ、中曽根総理の時代に良く、こう仰っていました。「青山くん、人間はバナナさえ食べておけば大丈夫なんだよ」。それがほんとうかどうかは分かりません。しかし工夫と節制の人であることが、それとなく伝わりました。

そして実際、１０１歳まで生き抜かれました。

中曽根弘文・元外相は、百歳記念のカレンダーを地元向けにつくられ、その前で不肖わたしに、ほんとうに嬉しそうな表情をなさいました。風雪に耐えた父子です。

中曽根総理（当時）が旧軽井沢の別荘にこもられ、何をなさっているのか分からないまま、共同通信のわたしと時事、ふたりの総理番記者が雨の中、立ち尽くしていると、泥水が革靴の中に沁みてきます。

すると、弘文さんがふと、歩み寄ってこられ「ずっと本を読んでるだけだから心配いらないよ」と教えてくれるのでした。

では、その中曽根総理にやすやすと騙された安倍晋太郎さんの運命はどうだったか。

昭和62年、西暦１９８７年の秋、竹下内閣の成立と同時に、安倍晋太郎さんは自由民主党の幹事長となりました。

わたしは竹下政権の最初の半年、そのまま総理番記者を務めました。

いつのまにか、代沢（東京都世田谷区）にあった私邸で多いときは週に二度、朝５時まで竹下総理と呑む習慣になりました。

生真面目で警備陣に負担を掛けるのも嫌がられた竹下登総理がなぜ、公邸に入らなかったか。住宅街のなかの日本家屋では守りにくくて、警備陣は大変です。

それは亡き佐藤栄作総理とその奥さまから「将来、総理になったら自分たちの屋敷を使ってね」と頼まれていたからだと、竹下総理ご本人から聴きました。

その私邸での深夜の秘かな呑み会は、所属していた共同通信政治部には言いません。

「言うなよ」という約束はありませんでしたが、人としての基本のように思いました。

竹下総理は、夫人や、住み込みのお手伝いさんにも気を遣う人でした、そこで、呑む場所は、玄関を上がったところのちいさな部屋でした。応接間ですね。わたしの育った家も古い日本家屋でしたが、同じような造りです。

ただ竹下総理や、佐藤栄作総理が意を尽くして客人を迎えるときは、きっと別の部屋でしょう。

つまり奥の部屋には遠くて、『ここなら呑んで話しても、寝ている家人には聞こえない』と竹下総理はお考えなんだろうと思っていました。

寒い日には玄関から冷たい風が入り込みます。そのせいか、竹下総理は呑んでいる途中から何度か手洗いに立たれます。そして帰ってこられるとほぼほぼ必ず、ありのままの話で申し訳ない、前が閉じていないのです。

わたしが「総理、ご開帳です」と申しあげると、竹下総理はいつも、照れて恥ずかしそうな顔をなさって、そそくさと閉じられる。

昭和天皇をお見送りし、消費税を史上初めて導入し、リクルート事件で苦しんだ竹下総理が、あんな子供のような可愛い顔をなさるとは、きっと小沢一郎さんだって誰だってご存じないだろうなぁと思いました。

わたし自身は昔も今も、気合いを入れて呑んでいるときは、なぜか手洗いに行きません。そのために、総理が手洗いに立たれたときに、竹下総理の言葉の意味をじっくり考えることができました。そして戻ってこられたときに、今度は何から切り出そうかと考えることもできました。

しかし実際には、総理は戻ってこられるとご自分から新しい話題を持ち出されるので、わたしのミニ計画はいつも無駄に終わりました。

竹下登総理は、島根県の造り酒屋のひとです。無類にお酒に強い。

わたしも呑むときには呑むと分かってから、なぜか、こういう機会をつくってくださるようになりました。

総理番記者というのは、日本の主なマスメディアの全社に居ると言っていいと考えます。総理番の数が多すぎるために、朝と夜、つまり総理が総理官邸や国会議事堂にお出になる前と、帰られたあとは、共同通信と時事通信の2人だけに絞り、その代わり総理の動きと発言を全社に送るという取り決めができていました。

竹下総理は、時事の記者を無視するようなことはされません。邸内の「番小屋」、つまり総理在任中だけ総理番記者のために造られる、文字通りの小屋に、秘書さんから「総理から、玄関の応接間にいらっしゃいとのことです」と声が掛かります。

そしてふたりと竹下総理の3人で冷や酒を呑み始めるのですが、総理とわたしのピッチがあまりに早く、時事のちょっと年下の、わたしにすれば弟のような記者は、ついていこうと無理をするうちに寝てしまいます。

すると、時事の記者には誠に申し訳ないけど、竹下総理の話は急に深くなります。表情も語り口もあっけらかんと明るいままです。これも昼間の竹下総理の表情とはまるで違います。

急に話が深くなると、総理はたとえば、地元の名家である造り酒屋の因習にまつわる闇の話もなさいました。

それは永遠に記しません。竹下登総理が亡くなってしまったから、余計にそうです。ご本人の諒解を得ることができない。

ここで記したいのは、安倍晋太郎さんのことです。

中曽根総理が、実は根拠が何もない『後継総理の指名権』を握ってしまって、安竹宮、あんちくみやの3人を競わせたことについて、竹下総理はついに直接には語りませんでした。

しかし安倍晋太郎さんにどれほど深い、本物の友情を感じていたかは、痛いほど伝わってきました。

「次は、あの人だから」

何度も何度も、そう仰いました。

わたしはこの深更の飲み会を一切、記事にしませんでした。時事の弟のような記者とも、そうしようねと話しました。

同時に、日本の主権者の知る権利を代行するのが記者だという信念は堅固でありました。したがって酔いません。立ち居振る舞いは酔って見えても、芯には、黙して醒めて鎮《しず》まるもうひとりのおのれが座っています。

こゝろを開いて話してくださる総理を、裏切るようなことは絶対にしない。

しかしいつかは、非難囂々《ひなんごうごう》のなかで辞職された竹下登内閣総理大臣は、こういうひとでもあったということを主権者に話すときが来るだろうとも考えていました。

欲と謀（はかりごと）が渦巻き、竹下総理本人もそのなかでこそ生きていたのに、安倍晋太郎さんとは真の、打算のない、友情があったのです。

だからこそ竹下内閣の発足のとき、竹下総理は安倍晋太郎さんを自由民主党幹事長に起用した。

安倍晋太郎さんは閣僚としての経験はもう充分でした。党のカネを一身に集める幹事長に就けることによって、安倍晋太郎さんが次の総理であることを盤石にしようとしている竹下総理の意図は、誰の目にも明らかでした。

ところが、その晋太郎さんが病に取り憑かれた。

リクルート事件にも連座して、幹事長を辞し、順天堂医院に入院します。

これを「リクルート事件の追及を避ける偽装入院」という趣旨で論じた政治評論家も居ました。昔も今も同じですね。

癌のために膵臓、十二指腸、胃の一部まで喪いましたが、気力でいったん退院なさいました。

自分の政権となったときには北方領土問題を解決するという意思を持って、ソ連を訪問なさり、総理になるためにはアメリカの諒解が不可欠だという考えから訪米もされたあと、再入院となりました。

入院の名目は「検査入院」でした。

「あれは膵臓から始まった癌があちこちに転移してるんだ。奇しくも、（この4年前に崩御されていた）昭和天皇と同じだね。膵臓はほかの臓器に隠れているから、見つかりにくい。陛下と同じく、やっぱり手遅れだ。痩せに痩せているよ」という安倍派の長老議員の話でした。

悲運の政治家は最期まで悲運に死すのかと政界の誰もが考えていたのです。

このとき、次男の安倍晋三さんは家族を代表して、「癌の再発です」と父に告げました。

晋太郎さんは「やっぱりそうか」とぽつり、ひとことだけ仰り、顔色ひとつ変えなかったそうです。

そして運命の西暦１９９１年、平成3年がやってきます。

4月なかば、来日なさったゴルバチョフソ連大統領の歓迎昼食会に入院先から出席され、頬に綿を入れて記者会見され、5月15日に、総理になることなく、この世を去りました。

十二の壺

わたしは、その記者会見で安倍晋太郎さんの斜め後ろに控えて立つ青年を見て、晋太郎さんとはさほど似ていないながらも、息子さんだと感じたのでした。

先に記したように眼の表情などは、お母さんの安倍洋子さんに似ているなとも思いつつ、ふと安倍晋太郎さんが東京の池袋に近い雑司が谷霊園を訪ねた時を思い出しました。

竹下さん、宮澤喜一さんと三者で総裁選を烈しく争って、安竹宮の戦いと言われていたさなかのことです。

当時、そこには中川一郎さんのお墓がありました。

北海のヒグマと呼ばれ農水大臣を務めた中川一郎さんは、かつての総裁選に敗れたあと謎の死を遂げ、自決とされつつ、ソ連のスパイとしてＣＩＡに暗殺されたという真偽不明の説も流された人です。

わたしはこのときも、若い総理番記者として総裁選取材の応援に入っているだけで、安倍派の派閥担当記者ではありませんでした。

当時の派閥記者というものが、派閥とどれほど気持ちの悪い癒着をしているか、眼前にして呆れていました。

担当記者と言うよりは取り巻きのような各社の先輩記者たちと共に、安倍晋太郎さんの一挙手一投足に同行します。

安倍晋太郎さんがなぜ、中川一郎さんの墓参をしようと思い立ったのか。

晋太郎さんは中川一郎さんの盟友として知られていました。晋太郎さんは、そもそも友だちの多い人で、敵の多かった中川一郎さんとは、プラスとマイナスがくっつくように仲が良かったのではないかと、生前の中川一郎さんを見たことのない若手記者として想像していました。

総裁選の惨敗に苦しみ酒に酔って荒れたという中川一郎さんに、安倍晋太郎さんが「おい、おまえの代わりに総裁選に勝たせてくれよ」と胸の裡で呟《つぶや》くなら、それは自然なことに思えました。

その晋太郎さんが墓に近づくと、ひとりの青年が白いYシャツの腕をまくって、バケツを横に置き、一心不乱に墓石を浄めているのが見えました。

晋太郎さんはそれ以上、近づかずにじっと立って青年を見つめています。黙しています。青年は気づきません。

あ、あれが中川一郎さんの長男の中川昭一代議士かなと思いました。

この昭一さんはわたしよりひとつ下の同世代でしたが、当時は会ったことがありませんでした。

自決したとされる父の墓を洗う息子、それを見つめる父の盟友、そしてその安倍晋太郎さんが死に瀕してなお、頬に綿を入れて記者会見をこなそうとする姿を、何も言わずに見つめている息子の安倍晋三さん。

わたしは当時も今も、政治の世襲に反対です。反対ですが、なんとも言えない血の因習を感じるとともに、中川昭一さんの姿の清潔感が印象に残り、安倍晋三さんもまた、不思議な清潔感があったのでした。

そして安倍晋三さんがやがて、父の死を受けて世襲選挙で代議士となり、中川昭一代議士と父同士と同じ、親友になるのでした。

この総裁選の応援取材のとき、わたしは、忘れがたいほど気持ちの悪い光景を見ました。

中曽根総理が指名するのは安倍晋太郎さんだという説がしきりに流されるさなか、わたしは会長室のドアを開けました。

会長とは、安倍派（清和会）の会長だった安倍晋太郎さんです。

すでにアポイントメントがありましたので、ノックしながらドアを開けたのでした。

すると時事通信の中堅記者が、安倍晋太郎さんの太腿に手を置き、顔を晋太郎さんに寄せて耳元で何かを囁《ささや》いています。

小柄な記者が、大柄な安倍晋太郎さんに、しがみついてるようにも見えます。

これを取材と言えるでしょうか。その異様な、何というか癒着の極地のような雰囲気、わたしは正直、びっくりしました。

安倍晋太郎さんのほうは、曖昧な笑顔で聴いているだけで、何かを答えている様子はありません。

囁きの中身は聞こえませんでしたが、もしも総裁選をめぐって話していたのならば、厳しい話や客観的な情勢分析を伝えているようには見えませんでした。

この記者はその後、国会議員になりましたが、当落を繰り返して引退となったようです。

そして、わたし自身がこれを書いていて、思いだしたことがあるのです。

それは、この総裁選に臨む安倍派事務所に、そう言えば、安倍晋三さんらしき青年が居て、派閥記者がみな、まるで家来が殿の息子にへつらうようだったことです。

十三の壺

安倍晋三さんは安倍派事務所でいつも、そういう派閥記者に取り囲まれていました。

背が高くて細かったので、若い麒麟《きりん》が一頭、なにか別な動物の群れからひょいと頭を出しているように見えます。

その安倍さんが、あるとき、ぼくを見ていることにふと、気づきました。

急に一人称が変わりましたね。ここだけ、変えたのです。この本は、安倍晋三さんを弔う本でもありますから「ぼく」の一人称は使ってきませんでした。しかし、この時は、ふたりとも若かった。だから「ぼく」が自然な感じがします。

わたしは国会議員であると共に、職業作家です。作家とはおのれをも粉々に嚙み砕いてから、再建する仕事です。その目でおのれを見れば、自意識が過剰ではありません。

しかし『安倍晋三さんが俺を見ているというのは、自意識過剰かな』と考え、何度も安倍さんの視線を外して、よそを見て、さりげなくこちらの視線を戻すと、安倍さん、まだ見てる。

なぜかな。

不思議です。さりげない風を装って、後ろを振り返ってもみましたが、ただの壁です。それでも近づいて話し掛けることはしませんでした。わたしは応援組の記者に過ぎません。みな先輩である安倍派担当の専任記者のあいだに割って入るなら、何か国民に伝えるべき質問とその答えが、総裁選候補、安倍晋太郎自由民主党幹事長の息子どのにある時です。

「ぼくを見ていましたか?」では、話になりませぬ。

この時のことを安倍さんに聴いてみたのは、実に16年後です。

ついに総理になれずに死んだお父さんに代わり、西暦２００6年に最初に総理の座に就いたあとのことでした。

安倍さんはなんと覚えていました。そして、こう仰ったのです。「なんか他の記者と違うなぁと思ったんだよ。媚びるところがなくてさ、ふつうにこちらに接してくるんだよね」

「ほとんど接してないですよ、ぼくは。応援組に過ぎなくて、同じ共同通信にも派閥記者がいましたから。（安倍晋太郎）幹事長や、安倍（晋三）さんじゃなくて、安倍派のなかの、派閥記者が行かないような政治家にもっぱら会っていました」

「うん。知ってた。そういう（メディアの）仕組み。青山さんが誰を取材してたかは知らないけどね。しかしさ、挨拶ぐらいはしてたじゃない」

「はい」

「それから、雰囲気だよね、青山さんの」

そう言われて、ちょっと突飛なことを思い出したのです。

安倍晋太郎さんを癌で喪ったあと、自由民主党安倍派には跡目騒動が起きました。晋三さんはまだ若すぎるし、そもそも次の総選挙が2年後に来るまでは議席もありませんでした。

次の派閥会長の座を骨肉で争ったのは、ともに安倍派の大幹部だった元農水大臣の加藤六月さんと元外務大臣の三塚博さんのふたりです。

加藤さんの名は「むつき」と読みます。室崎勝信という大蔵官僚が、この六月さんの次女と結婚して婿養子となり、加藤勝信となって政界入りしました。厚労大臣などを歴任した加藤勝信さんです。

政界には、派閥だけではなく、こうした閨閥《けいばつ》もあります。ただ、学閥だけはありません。加藤六月さんも、大学には行っていません。そこだけは良いところです。

この加藤六月さんと三塚さんの跡目争いは「三六《さぶろく》戦争」と呼ばれましたが、わたしは政治記者の時代からこうした呼び方を採りませんでした。

この権力の奪い合いは、安倍派の派閥記者も二手に分かれて加わって陰湿に繰り広げられた挙げ句、加藤さんが負けて三塚派となりました。

わたしはこの時も、応援取材に駆り出されました。

加藤さんの自宅に夜回り取材に行くと、派閥記者が例によって加藤さんを親分と仰ぐ子分となり果てていました。

三塚さんの方は、自宅に行けという指示が共同通信政治部から無かったのですが、「ぶら下がり」と称して、三塚さんを囲んで派閥記者の群れと問答する、その場には良く行きました。

ある午後、偶然に三塚さんのすぐ横に押し出されていました。熱心に、派閥記者たちに話している三塚さんの左耳の穴に、白髪混じりの濃い耳毛がびっしりと密生しているのに、ふと気づいたのです。思わず、凝視しました。ただし、ごく短い時間です。自由民主党本部の車寄せのところです。

その夜、赤坂の料亭前で、三塚さんが黒塗りの車に乗り込むところで、今度は右耳のすぐ横に居ました。無理に割り込んだのではなくて、派閥記者の群れに揉まれているうちに、偶然にです。天のちいさな悪戯《いたずら》かな。

つい、右耳の穴を覗き込んでいました。びっしりです。

それだけです。耳毛が生えていて、それが濃くても、ただの個性です。問題ありません。ただなぜ、たとえば散髪屋さんで切ってもらわないのかなとも思いました。総理を狙い国民の目もある人がどうして……と考えたのではないのです。ふつうは鼻毛でも、それからちょっと珍しい耳毛でも、エチケットとして目立たなくするのではと感じたのです。

これをちらりと、他社の派閥記者に聞いてみました。すると「あれはね、派閥を獲《と》って総理になれる印《しるし》なんだよ」という答えです。

これを、うっとりしているような表情と声で、うつむき加減に微笑しながら言ったのです。「三塚先生本人も、みんなも、あれがいいんだよぉ」

うっわー。こりゃ、あかん。俺とは別世界の人たちだ。

坂本龍馬さんも背中に馬のような毛が生えていたという伝説があるけど、背中の毛は本人にも他人にもふだん見えません。社会にいつも出ている耳毛とは違うでしょう。

こんな集団催眠みたいな取材をしていて、主権者の知る権利の代理人がほんとうに務まるのかな。

そう思いました。

安倍さんの言った「なんか他の記者と違うなぁと思った」というのは、こういうことと関係があるのかも知れません。

それにしても安倍晋三さんはなんと繊細な注意力を持っていることでしょうか。

わたし自身の安倍さんを見る眼が、この時から実は一変した気が、今、しています。

このひとは単なる世襲の息子さん、世襲に甘んじている政治家じゃない。そう真剣に考えたのは、この何気ない短い会話が最初だと思います。

しかし、のちに、安倍さんが三代世襲の代議士であることを実感するときもやって来ます。それは、わたしが思いがけず国会議員となり、二度目の総理の座を二度目の辞任で喪ったあとの安倍さんとふたりだけで、(旧)統一教会について真っ向から議論しているときでした。安倍さんは「父親から受け継いだ縁だからさ、切れないよ」と、わたしの眼を見て仰いました。

安倍さんと二度と会話も議論もできなくなった現在、いずれの顔もまさしく晋三さんだったと、深く、思うのです。

十四の壺

安倍さんとわたしの友だちづきあいは、ゆっくり進んでいきました。

安倍派を継げなかった加藤さんも、継いだ三塚さんも総理になれないまま亡くなり、安倍晋三さんは、安倍晋太郎さんの無念の死から12年4か月の歳月を経て、49歳で自由民主党幹事長になり、初めてほんとうに世の注目を浴びました。

大臣の経験も、党三役の経験も無いまま時の「変人」総理、小泉純一郎さんに抜擢されたのです。

世の注目を浴びた、と書きました。どういう注目だったでしょうか。

わたしには「プリンス登場」というニュアンスに見えました。プリンスというカタカナは、比喩的に、新登場のひとを指す場合もあります。しかし根っこは血筋でしょう。

世襲を嫌い、批判するはずの日本の主権者が実は、世襲を好み、門閥に憧れる。

その人物が政治家にしては若くて、すっきりした外観なら血筋が元総理や大臣に繋がっていればいるほど、最初は、もて囃《はや》す。今の小泉進次郎さんもそうですね。しかしやがては、その血筋を妬み、憎み、両足も両手も引っ張り引きずり降ろそうとする。

わたしは安倍晋三さんが幹事長になった、その時から、この行方が見えるようで、すでに友だちにはなっていた安倍さんから、すこし距離をとりました。

安倍さんに何か嫌なところが出てきたのでは、全くありません。逆です。幹事長になり、そのあとは官房長官になり、総理になり、しかし安倍さんは少なくともわたしに接するとき、あるいはわたしと電話で話すとき、何も、ほとんど微塵も変わらなかった。

わたしと利害関係が何もなかったことが、影響はしていたでしょう。それでも、やはりお人柄だと思います。

わたしは、日本が初めて体験した国際テロ事件であるペルー日本大使公邸人質事件を契機に記者であることを辞め、共同通信を去りました。45歳でした。

幾つかの選択肢のなかから、三菱総合研究所（三菱総研）の研究員となることを選びました。

シンクタンクの三菱総研は、三菱重工から三菱ＵＦＪ銀行までグループの頭脳です。カバーする範囲は広いですが、たとえば日本の戦車、戦闘機、潜水艦、護衛艦の構想（ファースト・コンセプト）をつくるという知られざる役割も担っています。

わたしの専門分野のひとつが安全保障ですから、三菱総研はわたしに興味を持ったようです。秘密を暴いて国民にお知らせする役割の記者から、真逆の、機密を保って研究する役割に１８０度、変わりました。

12月31日付で共同通信を辞め、翌日の元旦付で三菱総研に移ったのです。

すると何も知らせていない、もちろん宣伝したりしていないのに、講演依頼というのが三菱総研を通じてやって来ました。秘書役を務めてくれていた女性と昼ご飯に出たときに、冬の大手町の木枯らしのなかでそれを聞いて「へぇ、講演なんて（話が）、来るんだ。どこでぼくのことを知ったんだろうね」と歩きながら言ったことを良く覚えています。

講演は、紙を見たりしないで、考えているままを話しました。

舞台のうえに居ないで、聴衆のみなさんの中に入っていき、その聴衆が多くても少なくても、みなさんの眼を見ながら話すのです。

これは現在もそのまま続けています。

「聴衆の中へ入るのは、誰に教わったのか」と聞かれます。いえ、教わってはいません。

高いところから話すのではなく、身近に一緒に考えたいというありのままの気持ちだけです。

講演依頼がなぜか増えていくなかで、生まれ故郷の神戸で講演することになりました。会場は、神戸の中心地の三宮にある神戸国際会館のホールでした。わたしが3歳か4歳の時に建った歴史ある建物で、阪神淡路大震災で完全に壊れ、新しく再建された2代目です。

そこで安倍さんと合流して、安倍さんがまず話されたあとに、わたしが話すという講演でした。安倍さんと一緒にふたりで講演というのは、生涯にこの一回切りです。

わたしが控え室で文字通りに控えていると、安倍さんが何人かの関係者と一緒にどやどやと入ってこられました。

安倍さんは若き幹事長として指揮した参院選で、目標議席に2議席足りなかったと言って、潔く、負けた責任を取って辞任しました。

しかしそのあと、異例にも幹事長代理という格落ちのポストに就いて、それが逆に好感を呼んでいた時期です。

わたしは、前述したように、権力の中枢に入っている安倍さんと距離を置いていましたから、すこし遠慮気味というか、講演で一緒になることに実はあまり気が進まなかったのです。

ところが安倍さんは入ってくるなり、上着をバッと脱いで、白いシャツ姿になり、目顔で関係者をみな、外へ出してしまいました。

そしてシャツの袖を珍しくめくって、わたしに「久しぶり」ともなんとも仰らずに、いきなり「俺さ、選挙の候補者の公募っていうのをやったんだよ。知ってるよね」と顔いっぱいの笑顔で仰るのです。

それは、さすがに知っていました。数か月前の幹事長時代に、衆議院の埼玉8区補選で史上初の公募に踏み切って、弁護士の柴山昌彦さんが無事に、当選したのでした（柴山さんはのちに文科大臣）。

わたしは、そのなんとも嬉しそうな笑顔に「はい」としか答えられません。安倍さんの何だかとても近しい、遠慮のない感じにすこし戸惑っていました。

すると安倍さんは、こだわりなく明るく、「どう、青山さんの評価は」と聞かれます。

「これまでの自由民主党のあり方に、ひとつでも風穴をあける試みだと思います。柴山さんという青年弁護士も爽やかで、よかったですね」と思ったままを答えました。

すると安倍さんはもう子供のように喜んで、「そう？　良かったかな」と顔を寄せて、また笑います。

この控え室を出て、ホールに向かうとき、腕まくりを元に戻して上着も着た安倍さんの後ろ姿がすっきりしていて、首筋に清潔感があったのを覚えています。

ひょっとしたら、政治家としていちばん幸せな時期だったのでしょうか。

安倍さんはこのあと、第三次小泉内閣で官房長官となります。なんとそれが初めての大臣で、結局、ふつうの省庁を持つ大臣、たとえば外務大臣とかは一切、経験せずに、いきなり総理になってしまったのでした。

幹事長となったのが平成15年、西暦２００３年の９月、幹事長代理が翌年２００４年９月、官房長官が翌年２００５年10月、そして内閣総理大臣が翌年２００６年９月、すべてわずか１年おきの、通常ならざる変化でした。

総理となった安倍さんが「美しい国づくり」という理念を掲げたとき、わたしは、志を理解しつつもはっきりと悪い予感がしました。

さまざまに苦しんで生きる日本人の深い共感を得るとは、思えなかったからです。

十五の壺

その時から、やはり1年後のことです。

秋が静かに深まりつつありました。

東京は、かつて季節のない街と唄われましたが、学生時代から、いい歌だけどちょっと違うなと思っていました。東京には東京の季節があります。街路樹のひとひらの葉っぱが落ちているのを見ると、胸のなかでは「ちいさい秋みつけた」の童謡を思い出していました。

目の前で53歳の安倍さんは肉厚のステーキにちょっと被さるように、しっかりナイフを入れ、どんどん口に運びます。

わたしは自分のステーキは手つかずで、茫然とそれを見ていました。

父が果たせなかった総理の座に就いた安倍晋三さんが西暦２００７年9月に突然、第一次政権を投げ出してから、まだ間もない頃です。

国会議事堂を背後に見て坂を降り、斜め右に行くと、全日空系のホテルがあります。そのなかのステーキハウスでした。

病気で辞めたはずの安倍前総理の健啖《けんたん》ぶり、それを個室の外で食事しているお客さんや、店の前を歩く主権者国民が見たらどう思うかと考えてしまって、とても食事する気になれません。

安倍さんは食欲は旺盛ですが、終始うつむいて食べていて、とても普段の安倍さんではありません。

この二人きりの昼食は、安倍さんから誘ってくれました。しかし辞任の理由や、これからどうするかについて、安倍さんはほとんど語りません。

いま思えば、この頃は安倍さんのどん底でした。

みずから所信表明演説をしておきながら、それに対する質問を国会で受ける直前に、辞任を表明し、当然ながら「こんな無責任な総理が居るのか」という非難を浴びました。

しかもその辞任理由について安倍総理は「わたしが居れば、自衛隊がインド洋で米軍に給油することが続けられなくなる」「小沢一郎さんが会ってくれない」と、誰でも、え、それで総理を辞めるのと疑問に思う理由を挙げました。

給油を続けるための法改正が安倍さんが総理だからできないとは、誰も考えていないし、小沢さんは「会いたいと安倍総理から打診されたことは一度もない」と繰り返し、断言しています。

辞任理由がおかしいという声が高まると、森喜朗元総理が安倍さんに「病気辞任だと言うんだよ。病気で辞めると言えば誰も文句を言えなくなるから」と告げ、安倍さんは急に慶應病院に入院して、スーツ姿で記者会見し「実は、潰瘍性大腸炎が理由です」と弱い声で語りました。

その通り、安倍さんは17歳の高校生のときから潰瘍性大腸炎に罹患しています。ただ、一病息災、その難病と向きあったことが安倍晋三さんをただのお坊ちゃんから脱皮させ、拉致被害者とその家族の痛みが分かる人にもなったのです。

その病が総理の激務で悪化していることは知っていましたが、それならしばらく入院して休養する選択肢があります。

国政に一瞬の休みも無いとはいえ、長期入院になるとも思えません。事実、慶應病院はもう退院されています。入院は2週間です。

わたしには、全体に理解に苦しむ辞任劇でした。

わたしはブレーンでも何でも無く、ただの緩い友だちでしたから、こんなことを思うのは僭越なのですが『安倍晋三さんはもう権力の人になって、取り巻きがいっぱいだろうと、すこし距離を置いていたのは間違いだったか。おそらく、ほぼ唯一、利害関係がない相手なんだから、もっと話を聴けば良かったかな』とも、ちらりと考える夜もあったのです。

ステーキ屋さんで昼食を共にしていたこの日、安倍さんはたまたま体調が良くてお腹が空いていた、ということもあり得ます。

しかし理由を途中から「病気」に切り替えた辞任劇には、奥深い闇を感じない訳にはいきませんでした。

「総理、ほんとうは、自由民主党の内部から足を引っ張られて辞めたのですか」

ついに、真っ直ぐにお聞きしました。

せっかく体調が快復なさっているのなら、こんなことは本来、聴くべきではないと思います。

わたしは記者を辞してすでに10年が経っていました。作家として純文学小説の「平成紀」（初版では「平成」）を5年前に世に問い、ノンフィクションの記念碑的ロングセラーとなる「ぼくらの祖国」を構想していて、4年後に発刊となります。それと兼ねて、外交・安全保障・危機管理・資源エネルギー・情報（インテリジェンス）をめぐる民間専門家として実務に就いていました。

記事を書きたいとか、総理の本音を引き出したいとか、そんな理由は全くありません。

作家としては文学とノンフィクションの両分野を手がけていましたが、いわゆる政治ものを書く気は、カケラもなかったのです。共同通信の政治部記者の時代に、政治評論家らの書く政治の内幕ものの本や雑誌記事の臭みに、辟易《へきえき》していました。

安倍さんの健康な食事を誰も想像しない外の国民のために、聴かなければならない。

そう思いました。わたしはやはり食事どころではありませぬ。

あれ？　松岡利勝農水大臣が自害なさった翌日の、総理官邸での昼食と似ているな。

そうも気づきました。

すると安倍さんは顔を上げて、あっさり、「うん」と言うのです。

わたしは「足を引っ張ったのは、党内の親中派、親韓派、親北朝鮮派ですか」とやむを得ず、踏み込みました。

「まぁね」

安倍さんは「うん」と「まぁね」、そのふたことだけでステーキにまた顔を落とし、どんどん食べます。つけ合わせのブロッコリーなどにもちゃんとフォークをのばして軽快に突き刺し、ぱくっと一口で食べます。

ははぁ、やっぱりかと、わたしは暗然としています。

たった1年の政権でしたが、ほんとうはその成果は50年分でした。何事も変革の遅い日本としては150年分かも知れません。

敗戦のあと占領軍の置いていった教育基本法を初めて改正しました。

海洋基本法も初めて制定しました。

日本の自前資源である海洋資源を実用化することを政府に義務づけ、そのためには海の治安を守ることも定めたのです。

日本政府がこれをきちんと遵守していれば、沖縄県石垣市の尖閣諸島の島と海を中国がじりじりと武力で侵していく現状は無かったでしょう。政府の言う通り、領土紛争など尖閣諸島には存在しません。中国は領土紛争にするためにこそ異様に圧迫しています。その手には乗れません。乗れませんが、海洋基本法による毅然とした姿勢を示すべきです。

そして第一次安倍政権は、防衛庁をついに防衛省に昇格させました。

この昇格は、ハシリュウこと橋本龍太郎総理の内閣で一歩手前まで行きながら、不明朗ないきさつで頓挫したのです。その失敗を乗り越える実現でした。

占領軍が日本の主権を奪っていた時代の日本国民の教育方針を後生大事に守っていたこと、海洋国家といいながら海の水の下にある膨大な資源に無関心で資源は外国から買うばかりだったこと、防衛庁を総理府（現内閣府）の外局にしたままで日本の安全保障の軸を造らなかったこと、いずれも自由民主党の重大な負の歴史です。

それを第一次安倍政権はどれもこれも、たった1年で克服に踏み出したのです。過去にそんな政権はありません。内閣で大切なのは長さではない。何を達成したかです。

最後の内閣総辞職が異様で、惨めな印象だったことに、安倍さん自身も囚われすぎてきました。

そして、もうひとつ、決定的に重大な成果がありました。

国民投票法です。

わたしたちの憲法の96条には「必要なときが来れば、この手順で改正しなさい」という改正条項がちゃんとあります。

それによると、国会から改憲を発議したあと、国民投票をおこなうのです。日本の国政で、直接の国民投票をやるのは、この憲法改正だけです。

逆に言うと、どうやってその国民投票をやるかを具体的に決めておかないと、改憲が必要なときが来ても、できません。つまり、国民投票法が必要です。ところが安倍さんが総理になるまで、その国民投票法を自由民主党はつくろうともしなかったのです。

わたしは安全保障を米軍と議論していて「日本の憲法は日本製（メイド・イン・ジャパン）じゃない」と海軍士官に言われました。アメリカに行って議論し始めた初期の頃です。聞き返すと、「青山学院大学の隣の骨董通りというストリートに行ってみてくれ。そこにある古いブリキのおもちゃをひっくり返してみてくれ。あなたがたの憲法はそれと同じだ」と言うのです（実際は米語）。

帰国して行ってみました。店主さんに相談すると、ブリキのバスを手渡してくれました。裏返すと、そこには made in Japan ではなく made in occupied Japan と刻印されていたのです。日本製ではなく「被占領国家日本製」です。

これは時期を客観的に考えればすぐ理解できます。

敗戦が昭和20年、西暦１９４５年の８月15日、占領の開始がその翌月の９月２日、占領が終わり日本が独立を回復したのが昭和27年、西暦１９５２年の４月28日です。

その占領期７年（正確には６年８か月）のあいだ日本に主権はなく、日本国はなく、被占領国家日本だけがあり、したがって、その間につくられたものは日本製ではなく被占領国家日本製なのです。

では日本国憲法はいつ、つくられたか。

それは昭和21年、西暦1946年の11月3日です。施行されたのが翌年の5月3日、つまり占領の初期にすでにつくられ、言い逃れようもなく「被占領国家日本製」なのです。わたしは再び渡米したとき、「あなたがたの占領軍が国際法（ハーグ陸戦条約）に違背して日本の憲法の原案をつくってしまったのが問題だ」と言うと、米軍側は「占領が終わって何十年経っても変えないあなたがたこそが問題だ」と言い返しました。

占領が終わってから、幾時代も、幾時代もありました。

あれほど強固にみえた冷戦構造が崩れ去り、ソ連が消滅し、一人勝ちとなったはずのアメリカもやがて揺らぎ、独裁下の中国が日本の沖縄県の島や海を武装船で日常的に侵すようになりました。

日本だけではなく、フィリピンやベトナムや台湾をはじめアジア諸国も中国の独裁主義の暴走である軍事拡張主義に苦しんでいます。

日本もアジアも世界もどれだけ変わったでしょうか。

日本の各地で不可思議な失踪をした国民のうち、すくなくとも20人以上、多いと100人を超えて北朝鮮に拉致されていたことも分かりました。

しかし憲法9条の制約で、この自国民の救出もできません。「話し合いで国民を帰さないと、自衛隊が行く」と北朝鮮に言ってこそ、したたかな北朝鮮は本気で外交交渉のテーブルにつきます。それがないから交渉がまったく進まないまま、拉致された日本国民が帰れないまま、そのご両親らが次々に無念の死を遂げられるばかりです。

それにもかかわらず「憲法は神聖不可侵であり一字一句変えるな」と主張して、改憲条項の96条を無視する勢力は護憲派でしょうか。96条をきちんと活かして改憲を求める安倍さんやわたしたちこそ護憲派だと考えます。

ところが西暦1955年に「自主憲法の制定」を掲げて結党した自由民主党は、新しい自前の憲法の制定どころか、一字一句、改正せずに結党からおよそ70年です。

改憲ができないほんとうの理由は、自由民主党の内部にこそあるのです。

その証拠に、「96条にある国民投票とは一体どうやってやるのか、たとえば、ふだんの選挙と同じ条件で主権者に投票権があるのか、それとも国民投票は違うのか」、この具体的なことを決める法律を全くつくろうとしませんでした。

第一次安倍政権が、やっと国民投票法を制定したのは、まず、日本の歴史で初めて具体的に憲法改正に踏み出した意義があります。

日本は大日本帝国憲法も、一字一句変えませんでした。

そのために憲法の欠陥をそのままに日米関係の悪化に向かい合うことになりました。もしも戦争に踏み出すなら、誰がその決定を下すのか、戦争をすれば必ず終わらせなければならないがその決定は誰がどんな権限で下すのか、なにも規定がありませんでした。明治憲法も、現憲法も、とにかくいったん決まったらそれはもう金科玉条。それを変えるべき時に変えられるように準備をする、国民投票のやり方を決めておく。自由民主党はまったくやらなかった、怠ったままだったのです。

ところが第一次政権の安倍総理は初めて、国民投票法を見事に成立させました。やっと本物の護憲派、憲法96条の改憲規定を活かして具体的に動かそうとする総理が出現したといえます。

しかしそれだからこそ、第一次政権の安倍総理は、自由民主党の内側から引き摺り降ろされた。

なぜか。

自由民主党の当時の中心が、親中派、親韓派、親北朝鮮派だったからです。

中国は、「日本は現憲法を絶対に変えるな」という熱烈な、偽の護憲派です。

韓国も北朝鮮も同じです。

特に中国共産党は、表で「憲法改正を企む反動勢力を許すな」と公然と内政干渉することに加えて、自由民主党に対して工作活動を長年、続けています。

それもあって、自由民主党の当時の長老格には「中国、韓国、北朝鮮には戦争責任があるんだから、その言うことは無条件に聞かなければ」という誤った歴史観に囚われた世代が幅をきかせていました。

わたしは、目の前でステーキを懸命に食している安倍さんに「総理」とあらためて呼びかけました。

総理を辞めたばかりの安倍晋三さんです。

総理に一度、選ばれた人には、敬意を込めて生涯、総理とお呼びするのは政治記者の慣習です。わたしはその慣習だけは正当な理由があると考えます。総理に現職、元職にかかわらず敬意を持つのは、民主主義への敬意であり、日本国民への畏敬だと考えているからです。

「総理、ほんとうは野中広務さんに負けたのですか」

安倍さんは初めて、顔を上げました。

えっ。

青山さん、まさか、それを言うのか。

そういうお顔です。

野中さんは前述の「中国、韓国、北朝鮮が望まない憲法改正はするな。日本には戦争責任がある」という長老政治家の代表格でした。

わたしは共同通信京都支局で京都府庁を担当する若い記者だったとき、京都府副知事だった野中さんに出逢いました。

当時の京都府政は、蜷川虎三《にながわとらぞう》知事時代に府政を実質的に牛耳った京都共産党の影響がまだ色濃く残っていました。

久しぶりに登場した保守系の知事の林田悠紀夫さんは紳士然としていて、共産党と闘える人ではありません。そこで、共産党と闘い、同時に、闇の妥協もするのが野中副知事の仕事でした。

実は、副知事はもうひとり居たのです。複数の副知事というのは、京都府政には無いことでした。

もうひとりは自治官僚出身の副知事です。この人では共産党と格闘できないので、それ専任の副知事として野中さんに頼んだことは明らかでした。

野中さんの力は増大するばかりで、その親族が京都府政記者クラブに現れたとき、その態度があまりに尊大で、逆にわたしは関心を惹かれました。

やがて、この親族の深刻な汚職疑惑が秘かに持ち上がりました。京都府警の捜査幹部の官舎に夜回り取材をかけると、「間違いなく汚職だと思うよ」と明言しました。京都府警の捜査幹部のお顔には『野中広務副知事の親族を、やれるかなぁ』と正直に書いてあります。しかしこの幹部は実際に内偵に着手し、そしてみごとに潰されました。わたしはむしろ、着手した勇気に感心しました。

それぐらい野中さんの権力は強かった。

野中さんは戦前の生まれで、敗戦の時すでに二十歳、まさしく戦争世代です。旧制中学卒ですが、前に述べたように政界の唯一の良い点は、学歴が関係ないところです。

ある雨の日、京都府庁の通用口から軒先に出ると、野中副知事がいます。公用車を待っておられるのかな、正面玄関ではなく、この通用口なのか、野中さんらしいなと思いました。

その隣には、警察から府庁に出向していたお付きの側近が居ます。いつもベタベタと野中さんにお世辞を言っているので、わたしは内心で呆れていました。

雨のせいか、余人は誰もおらず、京の古都が静かに沈んでいるような午後です。

わたしが野中副知事に一礼して傘を差して外へ歩こうとすると、野中さんが「あんた」と声を掛けてこられました。

記者に自分から声を掛けるような副知事ではないので、ちょっと驚きつつ、傘をたたんで、軒先に戻りました。

すると、いきなり「どう思う？」と聞かれました。何をどう思うのか、それは一切無いのです。

『あぁ、副知事を辞めて国政選挙に出るというあの噂か。しかしどうして俺がその噂を知っていると思うのかな。そして、どうして俺の考えを聞くのかな』

咄嗟《とっさ》にそう思いましたが、考えていたままを、いきなりこちらも答えました。

「副知事はちょっと年齢が高いので、いまさら国政に出ても、という人も居るでしょう。わたしは考えが違います」

野中さんは意外なほど表情を変えて、「ほぉ」と先を促します。

「ただの予感ですが、官房長官や自由民主党の幹事長までは行かれると思います」

お世辞男の側近が息を呑んで、そして何か言おうとするので、わたしはぎゅっと睨みました。若い記者に過ぎないので効果は無いだろうと思いつつ。

しかしお世辞男の警察官僚は、幸い、黙りました。

野中副知事は、その男を無視するように、わたしを鋭く凝視しています。わたしが権力者にお世辞を言う記者であれば、そもそも声を掛けたりしないのでしょう。

「そこまで昇って、総理の声も掛かるけど、それはおそらくご自分が辞退されるでしょう。官房長官や幹事長になれる政治家はほとんど居ないんだから、副知事は一期で終えて選挙に出られてはどうですか」

野中さんは一瞬、遠い目をなさって、何も言わず黙して、公用車に乗り込まれました。

そしてやがて、総選挙に出馬され、官房長官にも幹事長にもなられ、総理の話が出たとき、総裁選への出馬を模索し、しかし辞退されました。

なぜ予言したか。

それはわたしにも永遠に分かりません。あの雨の軒下の短いひとときい以前に、それを考えていたか。いいえ。

野中副知事の、一筋縄ではいかないお顔と小柄な全身を見て、その瞬間に頭に浮かんだだけです。

ちなみにわたしは予言者ではないので、他にも予言できるかというと、そんなことはありませぬ。外れた予感は忘れているだけです、たぶん。

安倍さんがやがて暗殺されるという予感もまったく無かったのですから、わたしの予言など当てにならず、役にも立ちません。

この野中さんは、先に述べたとおり憲法改正には強硬に反対でした。

第一次政権の安倍総理は、その改憲を掲げ、しかもそれを含めて「美しい国づくり」と表現する。

これはわたしの推測も入りますが、野中さんは安倍総理に憎悪に近い感情を持たれたのではないでしょうか。

野中さんは、涙もろい温情家でもあり、本気で憤るととんでもない激情を抱く人でもありました。

おそらく安倍さんを「戦争の反省が何もないお坊ちゃん総理」と見ていたでしょう。

それは中国、韓国、北朝鮮の利益とずばり一致する憎悪でもあったと考えます。

わたしは令和6年、西暦2024年7月16日に、つまりこの書の原稿を書いているときに、太平洋の島嶼《とうしょ》国であるマーシャル諸島共和国の次期大統領候補のひとり、日系のカラニ・R・カネコ上院議員と話しました。

彼は日系と言っても、先祖の使っていた日本語はもはやひとことも話せません。

その代わり英語を話し、精悍《せいかん》なお顔も大きな体も日本の面影はありません。それでもこう仰いました。

「マーシャル諸島という私たちの国がなぜ、いまだに中国とは国交を結ばず、台湾と国交を結んでいるか。それは日本が統治していた時代の、歴史の解釈が違うからです。あの戦争への考え方も違う。台湾も、私たちミクロネシアの国民も、日本の統治に感謝している。それは日系人だけのことではまったく無い。マーシャル諸島共和国の国民の意思です」

中国、韓国、北朝鮮は、「先の大戦で日本だけが悪者だった」という歴史観を日本の政治と経済と社会がこれまでと同じく続けることと、それにもとづく現憲法の第9条が一字一句変わらないことを強く望んでいます。

だから中韓と北朝鮮にとって野中さんは強い味方、安倍さんは敵、それははっきりしていました。

「総理、ほんとうは野中広務さんに負けたのですか」

第一次安倍政権の崩壊からまもなくに、赤坂のホテルにあるステーキハウスで、安倍さんにこう聞いたのは、これだけの背景があるのです。

安倍さんは、わたしと野中さんのご縁は何も知りません。

だから安倍さんは、わたしの問いに目を丸くするように、びっくりされました。

何も応えないことを予想して、それでも聞いたのです。聞くべきだと考えました。

安倍さんはその通り、応えなかった……いや、言葉は出なかったけれども、はっきり深く頷かれました。

わたしは、その動作の意味を主権者のために確認すべきだと咄嗟に、思いました。

そこでもう一段、踏み込んでお尋ねしました。

「野中さんは、安倍さんが最初に組閣する3年前に政界を引退されています。正確には、野中さんの後押しを受けるベテラン議員、特に（自由民主党の）宏池会（のちの岸田派）に多かった改憲反対議員に足を引っ張られて、安倍総理はそれに負けたと考えていいんでしょうか」

安倍さんは今度は下を向かれたまま、もう一度、ただし小さく頷かれました。

わたしはそれで、政権の終焉を理解しました。いわば歴史的な意義を知ったのです。

安倍晋三・前内閣総理大臣は、ふっと肩の力を抜くように、皿の上をすべて綺麗に完食されました。

わたしはすでに、再登板と、そこからふたたびの苦闘を思い描いていました。

それが歴史的意義です。われらの祖国は、ゆっくりとしか変わりませぬ。アメリカのようにおよそ２５０年しか歴史が無いなら、割合すぐ変えられる。日本はその10倍以上の２千７００年と伝わります。史実が残る以降だけでも2千年を超えている。

ひとたび刷り込まれ、思い込んで、政治経済社会の仕組みを造ってしまったら、一度や二度の挑戦では変わりません。

『日本は悪者だった。中国と朝鮮半島には永遠に謝罪し、その主張は受け容れねばならない。中国、韓国、北朝鮮が変えるなと仰る日本国憲法は、そのなかに改憲条項があっても永遠に使っちゃいけない』

この思い込みを国際法に則って変えるために、第一次安倍政権はそれが失敗したからこそ、意義があるのです。

わたしたち日本人は失敗が嫌いです。しかし成功からはもうほとんど得るものが無い。逆に失敗には宝物がいっぱい詰まっています。

第一次安倍政権の崩壊は、祖国が甦るために欠かせない失敗でした。

十六の壺

それにしても、その第一次安倍政権が内閣総辞職となってまもなくに、安倍さんから、ふたりだけの昼食に招いてくれたのに、安倍元総理から出た言葉は「うん」「まぁね」のふたことだけでした。

それ以外は、わたしの失礼な問いかけに、二度にわたって頷かれただけです。

いったい何のために、安倍さんはその深い失意のときに、わたしを呼んだのか。

それは聞きませんでした。

『大腸の病気を理由に辞めたけど、しっかり食べて見せて、辞任の理由は別にある』と示唆したかった？

いいえ、違います。そんな回りくどいことをする人じゃ無い。

政治の権謀術数のなかでは、ひょっとしたら遠回しの煩わしい手管《てくだ》を使うのかも。

しかし利害関係のまるで無いわたしに、そんなことをするはずが無いと、自然に安倍さんを理解していました。

実は当時は、「なぜ呼んだのか」をほとんど考えませんでした。

安倍さんの、きっと非常に数の多い友だちのなかで、わたしはひとり立場の違う友だちでしょう。

安倍さんの利益にも繋がらないし、そもそもわたしは元は一升半の酒を呑んで政治記者の時代、デスクに「共同通信三大酒豪のひとり」と呼ばれたりしていたのに、安倍さんとは呑まないようにしていたのです。朝食かランチだけです。

安倍さんの周りに、べたべたの人が多いことは知っていました。それはそれで安倍晋三さんにとって、とても大切でしょう。しかし、わたしが同じになる必要はありません。

だから友情も淡いものです。

ただ、友情とはほんらい、淡き繋がりを指すのです。淡交ですね。

だから、第一次安倍政権が不本意な形で終わったことに、お詫びではないですが、なんとなく安倍さんはわたしにも報告なさっておきたかったのかなと思っていました。

当たっているかどうかは、分かりません。

安倍さんが、ほんとうに饒舌にわたしに話すようになるのは、平成28年、西暦２０１６年のなかば以降じゃないかとは思うのです。

すなわち、わたしが思いがけず国会議員となって安倍さんと同じ立場となってから。

現職総理と当選1回の議員ですから、同じ立場というのは僭越の極みです。しかし安倍総理がそれを意識なさっている気配は、皆無でした。

わたしが国会に初登院を終えるとすぐ、同じ狭い土俵にやっと上がってくれたね、そういう感じがありありと安倍さんとの電話から伝わってきました。

その前兆、と言うと大袈裟ですが、始まりは前述の平成28年、西暦2016年の1月4日です。

十七の壺

三が日は開けたけど、まだお正月気分が残る4日の月曜日、再登板後の安倍政権を動かすキーマンのひとりが、わたしと会われました。

当時、官房副長官で参議院議員の世耕弘成さん、わたしとは長い知友です。

内閣総理大臣には、官房長官という支え役が居ます。その下に、さらに3人のサブが居るのです。それが官房副長官です。3人は衆議院からひとり、参議院からひとり、いずれもふつうはまだ大臣になったことの無い中堅議員です。

最後のひとりは、官僚です。この事務方の官房副長官は、全省庁の事務次官というその省庁の官僚のトップを、みんな束ねる役割です。これを記すと、政務の官房副長官の重みも分かっていただけるでしょう。

世耕副長官とお会いするわたしは、独立総合研究所の代表取締役社長・兼・首席研究員でした。

「きょうは、安倍総理の名代《みょうだい》として、来ました」

世耕さんは最初にそう仰いました。

わたしは用件を何も知らず、何も想像してなかったので、何だか堅苦しいなと、いくらか内心で驚きました。

総理の代理で、なにをこれから言われるのか。安倍総理は何か言いたいことがおありなら電話で仰ればいいのに、なぜ、わざわざ超がつく多忙の官房副長官がお出でになるのか、やや理解に苦しみます。

「この夏の参院選で（自由民主党は）単独過半数を回復したいんです」

「なるほど」

「憲法改正のためです」

わたしはまた、「なるほど」と応えました。

国会議員でも何でもないわたしとしては、そうとしか反応しようが無かったこともありますが、2回目の「なるほど」は、ほんとうに得心しての「なるほど」ではありました。

というのは、改憲にとって参議院の情勢がどれほど大切であるかは、民間専門家としても重大な関心事だからです。

安倍さんは平成24年、西暦2012年の年末に再び総理となり、第二次政権を発足させてその半年後、翌2013年の7月にまず参院選を迎えました。

これは因縁の参院選でした。

安倍総理自身が、第一次政権の参院選で負けました。そのために与党は参議院で過半数を喪い、過半数を維持している衆議院の意思と食い違うようになりました。

このために「何も決められない国会、決められない日本」に成り果てていたのです。衆院で決めた法案が、参院に来ると否決されるからです。

安倍さんはまさしくリベンジとして、再登板後の最初の参院選に勝ち、「ねじれ国会」と言われた事態をみずから解消しました。

その翌年、西暦2014年の衆院解散・総選挙でも勝って、安倍政権は第三次安倍政権となりました。

（総選挙で勝つとその政権は第○次というように更新されます。総選挙後の国会では必ず、首相を選び直すからです。）

そして今度は、二度目の参院選を迎えます。

それが２０１６年７月の参院選です。

参議院議員は任期６年で解散がありません。その代わり、その半数づつを３年に一度、改選していきます。

わたしは世耕官房副長官の「憲法改正のためです」というひとことがよく分かりました。

その時点での参議院は、確かに「ねじれ」は解消したけど、自公、自由民主党と公明党と合わせて過半数を回復したに過ぎません。

公明党は憲法改正を否定はしないけど、「加憲」、つまり今の憲法に書き加えるということにとどまっています。

肝心の９条を改正するとなると、支持母体の創価学会の女性部や青年部の反対を予想して極めて消極的です。

そこで再登板後の二度目の参院選では、自由民主党だけで過半数を抑えて、自公での話し合いを有利にしたい、この意図だとすぐ分かりました。それで本気の「なるほど」です。

「だから、青山さんに出て欲しい」

えっ。

「いや、ぼくは何度も選挙へのお誘いをお断りしていますから」

「それは知ってますよ。しかし今度ばかりは断らないで欲しい」

政治記者の時代から誘いが繰り返されたのは事実です。

一度は、おふくろには言いました。

すると、武家の娘の誇り高いわが母は「お前、そこに座りなさい」と正座を求めます。

久々に子供時代の再現です。

渋々座ると、ただし正座はせずに向かい合うと、「おまえなっ。政治家ごときけがらわしい者にするために育てたんや、無いっ」

わたしは「別に受けるとは言ってない」と、いくらか呆れながら答えました。

実際、受けるつもりは無かったのです。

まつりごと（政）がどれほど大切かは良く分かっています。もしも西暦1940年前後に、日本政治が決断してアメリカを動かし、時の今上陛下（昭和天皇）とルーズベルト米大統領との首脳会談を実現していれば、真珠湾攻撃は無かったのではないでしょうか。

近衛文麿《このえふみまろ》首相と大統領では、そんな結果は出ない。

しかし陛下なら。

昭和天皇が吐血、下血で苦しまれた昭和の終わりに、政治記者だったわたしは当時、まだ生き残っていた陛下の側近たちにお会いし、昭和天皇がどれほど米英の民主主義国家と戦争になることを嫌っておられたかを知りました。

その陛下おんみずからが米大統領と平和のための話し合いをされて、臣下たる山本五十六・連合艦隊司令長官閣下が米国の真珠湾を攻撃するはずがない。

真珠湾攻撃が無かったら東京大空襲も、硫黄島の戦いも、沖縄戦もなく、広島と長崎の女性や赤ちゃん、子供たちや高齢者がどろどろに溶かされて殺戮《さつりく》されることも無かった。

歴史に「もしも」はない、というのは俗論だと考えているのです。いや、歴史に、もしもはある。

それを考え抜くことが、先の大戦で殺された同胞310万人の犠牲に報いることだとずっと考えてきました。

だから選挙に出て、まつりごと（政）に直に関わるべきかとも、胸の裡（うち）では考えました。

それで、ふと、おふくろにひとことだけ漏らしたのでした。父は、建設大臣を務めていた渡海元三郎代議士の後援会長を務めたり、政治に関心が強かったのですが、そのときすでに67歳の現職社長のまま医療ミスで亡くなっていました。

目の前の世耕さんの意志的な眼をみながら、こうした記憶がさっと甦っていました。

「世耕さん、国会議員になるのを避けているんじゃないんです。選挙に出たくない。選挙に出ると、たすきに自分の名前を書いて、演説でも自分の名前を言って、要は、自分を売り込むのが嫌なんです。しかしその選挙をやらないで議員にはなれない。だから夏の参院選も出ません」

世耕さんは、のちに派閥とカネの問題で矢面に立ち、自由民主党を離党される運命です。その時は互いにそんな未来は知らないし、安倍総理がもっとも信頼した国士であるのは、今も変わりません。

同時に、名うてのタフネゴシエーターだから、わたしの言葉を聴くとさっと戦術転換です。

「青山さんは、矛盾してる」

ほぉ。

「青山さんは安倍総理にも、憲法9条の改正が最優先だと言ってる。それなら自民党が参議院で単独過半数を取らなきゃいけない」

「それはそうです。しかし仮にぼくが出ても、もしも当選しても、1議席増えるだけじゃないですか」

「いや、青山さんが参議院の全国比例に出ると、大量得票して、票の少ない、下の方の候補が何人か救われて、それで単独過半数になる。これは総理のお考えでもあるんです」

どういう意味か。

今の参議院の全国比例（正式には比例代表）の仕組みは、こうです。

有権者が書いた個人名の票か、あるいは政党名を書いた票を合算して、その政党の票数とし、ドント式で各党の当選者数を決める。

もしも青山繁晴と書かれた票が多かったら、自由民主党の票が増え、そのために当選者数も増えて、獲得した個人名の票が少ない人も当選できる。

だから仮に、世耕さんの言う「大量得票」がほんとうに実現したら、確かに、「下の方の候補」も当選して、自由民主党が単独で過半数を制するかも知れません。

世耕さんの逞《たくま》しい顔を見ていて、なぜ、そんなことを安倍総理と話し合われたのか、その理由は想像がつきました。

世耕さんは、参院の和歌山選挙区の選出です。和歌山は、関西テレビの放送エリアです。関テレは、そのネットワークのキー局であるフジテレビが制作するニュース番組を夕方に放送することをせず、志を持って、夕方の「帯《おび》」と言われる月―金の報道番組を自主制作していました。

それが「スーパーニュース・アンカー」です。わたしはその水曜日に、「青山のニュースDEズバリ」という長尺20分以上の解説コーナーを持っていたのです。

わたしは芸能プロダクションに属することを一切、拒んでいましたし、ふつうこんな長い時間を預かって自由に話すことは、テレビ界であり得ません。当時の関テレ報道部の、例外的な意欲を物語ります。

激戦地のテレビ局にとって実は、視聴率より重要なのが占拠率です。つまりテレビ局の数がとても多い関西圏において、その時間帯に何パーセントの視聴者を確保しているかという数字が占拠率です。わたしの解説コーナーは30%を超えることがあり、「(NHKの伝説的な人気ドラマの)おしんを初めて超えた」と冗談を言うディレクターも居ました。

これを9年半、やったのです。

世耕さんは依然、わたしの顔を真っ直ぐみながら「アンカーがあるから、出ると、大量得票です」と言い切りました。背景には、関西圏の人口がざっと2千万人という事実があります。

そしてもう一度、「安倍総理も同じ考えです」と仰います。

安倍さんは、総理になる前もなったあとも、このコーナーに参加してくれましたから、関西ローカルの番組であっても、その雰囲気と影響力をご存じです。

この本のメインタイトルは「反回想」、つまり起きた事実を懐かしむのでもなく、都合良く事実を再編、編集するのでもなく、現在と未来を良くするために、ありのままに記憶という財産を活かすという本ですから、すべて正直に申します。

わたしも『大量得票するだろうなァ』と思ったのです。

それぐらい、あのコーナーに寄せられる視聴者、すなわち主権者の熱気が凄かった。

で、世耕さんにこう答えました。

「いや、出ません」

これも正直言うと、ここで押し切られたらオシマイだと思ったのです。

わたしが創業社長を務めていたシンクタンクの独研こと独立総合研究所は、変わった会社です。

「会社の利益は追求しない。国益を追求する。外交や安全保障、資源エネルギーを官だけに任せているから日本がおかしくなる。民間もそれをやる」というのが今、3代目社長となっていても変わらない社是です。

共同通信の記者を辞めたあと、三菱総研に移ったのですが、そこから独研を創るとき、三菱総研の当時の社長から「すぐに潰してみせる」と言われました。信頼関係のある、立派な社長でした。だから本音を言ってくれたのです。それがようやく、奇蹟とも言うべき黒字になろうとしていたのです。

「国事をおかみ任せにせず、民がやる」というのは日本のこれからに絶対に欠かせない新しい灯火、ともしびだと考えていました。

国会議員になったりしたら、その独研の社長は辞めるべきです。

国会議員の兼業は、大臣にならない限りは問題ありません。

『しかし俺は、もしも国会議員になったりしたら、きっと社長を辞める。社長と兼ねている首席研究員も辞める。独研の創業者株も無償で返上してしまう』

世耕さんの顔をあらためて見ながら、そう考えていました。

なぜか。

利益相反を避けねばなりません。

すべて国事を扱うシンクタンクです。そのまま社長を務めていると、極端なことを言うと自分で発注して自分で受けるようなことにならないとも限りません。

だから独研を辞めます。辞めて、よちよち歩きの独研が生きていけるのか。

国会議員になるのと、このまま独研の社長で居るのと、どちらが国民益、国益になるのか。

国会議員になる人材は沢山いらっしゃるだろう。しかし独研のような民間会社が、官尊民卑の日本にまた生まれるとは思えない。

『俺が嫌だとか嫌でないとか、そんな問題じゃないなぁ、これは』

わたしの頭はそれなりにどんどん回転して、この結論になったのです。

わたしの仕事はもうひとつ、ありました。職業作家です。これは国会議員になっても続けられると考えていました。

好きな作家のアンドレ・マルローは、フランスのドゴール内閣で文化大臣を務めつつ、秀作を書き続けました。

それに、もしも国会議員となったら、安倍総理の予想とはたぶん違って、献金も受けず、パーティもやらない、どんな団体の支援も断る、後援会もつくらず後援会長も置かないと、すでにこの場で同時進行で考えていましたから、政治資金は原稿を書いて自分でつくるしかないなぁと考えていました。

世耕さんは、わたしが「いや、出ません」と申しても、顔色ひとつ変えません。

次の言葉を平然と待つ気配です。

おそらく「しかし検討します」という答えをお待ちなんだろうなと察しました。

しかし、それをついに言わずに、別れました。

言えば、安倍総理にも、世耕副長官にも、失礼だと思ったのです。

十八の壺

ところが、です。

世耕さんは、そんな生易しいタマではなかった。ダブルタフ・ネゴシエーター、そんな言葉はありませんが、そう言いたくなる。

この1月4日を皮切りに、2月、3月、4月、そして5月、ずっと同じことを言ってこられます。

しかしついに6月になりました。

この時の参院選は、公示が6月22日水曜、投票が7月10日の日曜です。

公示まで、あと僅か。1か月を大きく切りました。

自由民主党の参院選の公認はふつう、1年前です。

参院選は西暦1986年以降はいつも3年ごとの7月です。だから前年の夏に決めて、選挙の年の春ぐらいに党大会を開いて公認候補者を舞台に上げ、明るいスポットライトを当てて派手にお披露目をする。

その間ずっと、多額のお金も使って、実質的に烈しい選挙運動です。公選法違反で摘発されない、ぎりぎりの線を狙って、候補者はみんな必死の形相で走り回るのです。

それでも墜ちる。

落ちるより、墜ちる、奈落へ。

これが選挙です。

それが、公示まであと1か月を切った。もう、何があっても間に合うはずはない。

終わったなぁ、ついに生涯、国会議員になることは無かった。

つくづく、そう思いました。

世耕アタックの6か月間、よくぞ凌いだとも実感したのです。それぐらい世耕さんは、説得力、交渉力がある。


以下は、もう一度、おのれの当時の日程表や、関係者の日程もお願いしご見せてもらい、再確認した動きです。

世耕さんの攻勢から解放された気分で、ちょっとホッとした月曜日、6月6日の午後1時から、わたしは「フジサンケイビジネスアイ」という経済紙の取材を受けていました。

真面目なベテラン取材記者がふたりです。おひとりは赤石英治・元フジサンケイビジネスアイ産業総合研究所長です。

わたしも真摯に答えていました。

と、机に置いた携帯電話が鳴りました。

取材の途中ですが、緊急連絡であってはいけないので、おふたりに断って画面を見ました。

安倍晋三
画面にそう出ています。

わたしは赤石さんらおふたりに短い詫びを述べて、会議室の外へ飛び出しました。

現職総理からの電話だから、ではないのです。

重大テロの発生か。

咄嗟にそう考えたからです。

なぜか。まず、こちらから安倍総理の携帯に掛けるのは年中行事でも、総理から掛かってくるのは、そう多くない。

わたしの方から安倍総理には、ほぼ苦情ばかりです。

「消費税を上げないでください」「9条改正という改憲の核心から取り組むべきです」

総理に再登板なさって、中傷《ちゅうしょう》誹謗《ひぼう》は烈しい。しかし一方で、ちやほやされるのも半端じゃない。

だからあえて諫言《かんげん》する役割を不肖ながら果たすべきだと考えて、電話していました。

淡き交わりの友だちだからと電話したことは、再登板後は一度もありませぬ。

惨めな辞任をなさって、再登板するまでの間は逆に、友だちとして以外の電話は、一度もありませぬ。

ふたたび総理になられてからは、諫言の嵐です。

だから温厚な安倍さんもさすがに内心で鬱陶《うっとう》しいのか、総理の方からはさっぱり掛かってこなくなりました。

それが月曜の午後に電話です。

緊急だろうと思うのと、その緊急事態は災害じゃなくテロだと考えたのです。

わたしの専門の五分野のうち、緊急性がいちばん高いのは国家危機管理です。現在の日本国の危機管理は、主として自然災害とテロリズムと有事の3つに分かれます。

自然災害はそのまま表に出ます。

しかしテロは実は隠されることがあります。

発生からしばらくの間は、伏せるのが国の基本動作です。

テロは同時多発があり得るので、最初のテロのあと、潜伏しているテロリストが動きを起こすまで、こちらの動きを読まれてはいけません。

有事はどうか。

外交関係が異常な緊張をみせないまま突如として戦争になるのは現代世界ではあまり無いことです。ロシアのウクライナ侵略にしても兆候はありました。最初に受ける攻撃が予想外ということは十二分にありますが、兆候抜きではありません。かつての日本軍の真珠湾攻撃にしても、米軍にとって兆候はあったのです。アメリカ国民に戦争感情を掻き立てるために「不意打ちなんだ。卑怯だ」と強調され続けただけです。

２０１６年6月のこのとき、自然災害が起きたという情報は何もありませんでした。いきなり軍事攻撃を受けるような外交関係もありません。

だから残るのはテロです。

わたしは会議室を飛び出し、携帯電話の受信ボタンを押すまでにこう考えてから、「総理、どうなさいましたか」と緊張して問いました。

「あ〜、あおやまさんさぁ」

いきなり呑気な安倍総理のお声です。

そして国会答弁のときとは違う、リラックスした話され方です。

「あのさ、やっぱり、選挙、出て欲しいんだよね」

安倍さんは実は、ボイストレーナーのところに一時期、通っていました。

安倍さんに聴いたのではありません。わたしがなんと歌を習いにいった著名トレーナーが、ボイストレーナーでもあってわたしも助言を聴き、安倍さんを訓練なさっていたのです。

ところが、このときの安倍さんはボイストレーニングを忘れたかのようです。一段と呑気に聞こえます。

それはきっと、ある種の親しみですね。普段着のご自分を出せるのですから。

ところが、誠に申し訳ないことに、わたしはムッと腹が立ちました。

そもそも何で、世耕副長官を仲介役にするんですか……いや、きっとそれは『友だちだからの話じゃなくて正式な話なんだよ』ということですよね。それは理解するにしても、こんなに押し迫ってから電話してこられても、総理。

わたしはそう考えながら、こうお答えしました。

「総理、いま月曜の午後ですよ。忙しいんじゃないんですか。その話はもう、世耕さんにずっと言われて、お受けしていません。大体もう、間に合いませんよ、総理。まもなく公示ですから」

現職総理に対して礼を欠く言い方です。ごめんなさい、主権者のみなさん、そして安倍総理。

ところが安倍総理はまったく意に介しません。

「あおやまさんが国会に出るとさぁ」

間に合う、間に合わないとか、まるで意に介されていない感じです。

「外務省が変わるなぁ」

わたしはピタッと息が止まる気がしました。大袈裟に聞こえますか？　いや、そう大袈裟な反応でもないと思います。

わたしは、たとえば『俺が外務省を変えられると、まさか総理は仰ってるのか』と自分のことを考えたのではありません。

安倍晋三総理のことを考えました。偽善ではなく、現職総理が外部の人間に対して外務省を批判して大丈夫なのかと驚いたのです。

内閣総理大臣の電話は、盗聴されていると考えるべきです。かつては携帯電話の盗聴は比較的、難しいとされたこともありましたが、悪の技術の進展はどんな壁も越えていきます。

安倍さんは盗聴を警戒してスマートフォンを使わず、いわゆるガラケー（ガラパゴス携帯）をお使いでしたが、それでも、現職総理は盗聴されているものとして話されるべきです。

安倍さんは「外務省が変わるなぁ」と、ひとこと仰っただけですが、そのニュアンスは、「現在の外務省は良くない。変わらねば、変えねば、ならない」ということです。「変えるために、あなたが国会に来い」ということでもあります。

おー、大丈夫かなと思っていたら、安倍さんはすぐに言葉を続けて「それからさ、経産省も変わるな」と仰いました。

わたしは沈黙して声が出ません。

現職総理が、外務省批判に続き、経済産業省も現状では駄目だ、変わらねばならないと仰っているのと同じです。

すると安倍総理はさらに、「青山さんが部会に出たら、自民党議員も変わる」と断ずるように続けられました。

この「部会」というのは、自由民主党が毎朝のように党本部で8時から開く、議論の場です。

国政の全てにわたって、たとえば「水産部会」とか「外交部会」「国防部会」のように分野別に、法案や政策の審議をおこないます。

部会を通らないと、法案を国会に出すこともできないのです。議員の参加は自由参加ですが、どの議員がどんな発言をするかは、確かに議員の相互評価の根っこになっています。総理は「青山さんが部会を外から見てるんじゃなくて、中に入って発言したら、それを聴いているうちにほんとうに自民党議員が変わるよ」と、さらに言われました。

わたしは、総理にお答えする前にまず思ったのは「やはり安倍総理は稀代の交渉上手だ」ということです。

現職総理が外務省、経産省、そしてみずからの与党である自由民主党の現職議員を批判する、それが盗聴されるというリスクをさらりと冒して、今回の交渉相手である不肖わたしの琴線、関心の核心をずばり、突かれています。

一瞬、おのれのことは忘れて、安倍総理が対峙されている外国の首脳たちの顔が浮かびました。

この2016年はアメリカ合州国大統領選が11月に行われる年でした。

安倍さんが電話してこられた6月は、トランプさんが最初に立候補を正式表明してちょうど1年の時でした。

トランプさんはこれまでの大統領候補には無い発言を繰り返して、常識を覆す存在感があり、日本政府内でもトランプ候補の当選は予想できていないもののヒラリー候補が危機に直面したときの対応を、安倍総理をはじめ秘かに検討し始めていた時期です。

そしてオバマ大統領は、あと半年強の任期でした。「オバマ（呼び捨て）は実は気難しい、ちょっと人嫌いかも」と安倍総理から聴いていました。

安倍総理が工夫を凝らして、銀座のお寿司屋さん「すきやばし次郎」に連れて行ったときも「オバマはさ、寿司がうまいともなんとも言わなくて、日本はアメリカ産の豚肉の関税をこうしろとか、ビジネスの話ばっかりなんだよ。ま、アメリカの考えてる落とし所がわかっちゃって良かったけどさ」と電話で仰っていました。

マスメディアで流された話とはずいぶん違います。しかしそのオバマ大統領と安倍総理は良き信頼関係を間違いなく築いていました。

あぁ、安倍総理はこうやって、素顔がさまざまな各国の首脳を籠絡《ろうらく》して、日本の国益を護っているんだと実感したのです。

たかがわたしに電話して選挙への出馬を促すためだけでも、天性の創意工夫が込められています。

「だからさ、選挙に出て欲しいんだ」

その総理の言葉にハッとして、「わかりました」と言おうとして危うくとどまり、「それでは一度、考えてみます」とお答えしました。

安倍総理の言葉に対して、なんとも冷たい返事です。身が縮むように、今でも思います。

ただ、わたし自身は、生まれて初めて選挙への参加を「検討」しますと約束したことで、いきなり、お腹の下の方にずしんと重いものを抱えた気分でした。

十九の壺

安倍総理の仰った3つのこと、それがなぜ、わたしの核心に触れたのか。

それはお話ししておく必要があります。わたしの話ではなく、日本国の話だからです。

最初の「外務省が変わる」とは、主として、拉致事件のことを指しているのだろうと、会議室の外で安倍さんの声を聴きながら考えていました。

わたしが安倍総理に何度も、「拉致被害者の救出を外務省に任せていると、誰も帰ってきません」と申しあげていたからです。

これは外務省の悪口を言っているのではありません。

日本が外務省を窓口にしていると、北朝鮮もカウンターパート（交渉相手）は外交部です。ところが北朝鮮は異様な独裁国家ですから、外交部をはじめ行政機関に権限がありません。

日本国民の拉致を仕切ったのは、工作機関だし、独裁者自身です。

その独裁者との日朝首脳会談の開催を目指すにしても、北朝鮮の外交部が出てきたのでは、何も進みません。日本の情報機関と北朝鮮の工作機関で丁々発止、やって、そのうえで首脳同士で交渉するしかないのです。

わたしがいちばんショックだったのは、独立総合研究所の社長室に、政府の拉致問題対策本部から幹部おふたりがお見えになったときです。

講演の依頼かなと思っていたら、おふたりは「北朝鮮との交渉はどうなっているのか教えてください」「それから北朝鮮の内部事情を教えてください」と仰いました。

わたしは愕然としながら、「いずれも、民間人のわたしの方からむしろ、拉致対（拉致問題対策本部）の幹部のかたがたにお聴きすることですよね」とお尋ねしました。

すると「拉致対は、外務省が仕切っていて、われわれには何も教えてくれないのですよ」という答えです。

このおふたりはそれぞれ、別々の経済官庁からの出向です。ひとりは北朝鮮が拉致被害者を帰して国交が正常化したときの経済支援の中身を立案し、ひとりは拉致対の予算を工面するという、いずれも重大な任務があります。

それでも外務省が情報を渡さないという実態が初めて分かりました。おふたりの体面を超えて努力する姿勢に、敬意と感謝を感じました。

わたしはこれを安倍総理に、ただしおふたりの名前は伏せて、お話ししました。

すると安倍総理は、対応策として、防衛省から連絡役を拉致対に出し、省庁の垣根を越えて情報を共有するために動き回れるようにしました。

ところが、この人物がやがて、やはり独立総合研究所の社長室に来られ「外務省がドアも開けてくれない」と涙を零《こぼ》されました。

わたしは安倍総理に再び、電話し、こう申しました。

「拉致対は、見かけ上は本部長が総理になっています。しかし実質的には、外務省が仕切って、支配しています。外務省が前面に出ている限り、北朝鮮も、権限なき外交部が応対する。実際に総理が直轄する組織に変えてくださ い」

しかし拉致事件を、日本政府が外交交渉として捉えている限りは、外務省が主管官庁としてリードすることは変えられない。安倍政権でも変えられない。

拉致をまさしく事件として扱い、北朝鮮の犯人を警察が逮捕し、公平な裁判にかける。そして「拉致被害者の救出が交渉で実現しないのなら自衛隊に救出作戦を遂行させる」と北朝鮮に通告して実際に救出部隊を編成し朝鮮半島の目前で海上合同演習もやる。そうやって交渉を動かす。

そうするのなら初めて、外務省が情報を独占してしまう状態を打破できるでしょう。

しかし安倍総理も、憲法9条を変えないままでは「戦争ではなく自国民の正当な救出であっても、自衛隊は海外で武力を行使できない」という解釈に縛られて、何もできないでいました。

それを変えましょうと、わたしは何度も何度も安倍総理に諫言をいたしました。

安倍総理が「青山さんが国会に来たら、外務省が変わるな」と仰ったのは、この諫言が背景になっているのですから、わたしは『えっ。それを俺に託すのですか、総理』と内心で驚いたのです。

二十の壺

安倍総理の次の言葉、「経産省も変わる」はどうでしょうか。

安倍さんと総理官邸ではなく別の場所で、西暦２０１３年にお会いしたとき、「もしもメタンハイドレートが実用化しても、カタールからの天然ガスはガスで、生かせるようにしてくれないかな」と急に言われたことがあります。

当時のわたしは民間の専門家です。

「エネルギーは常にベストミックスだから、自前資源の実用化を進めても、輸入が絶えるわけじゃありません」と答えてから、「でも、どうしてそれをお聞きになるのですか」と尋ねると「俺さ、日本カタール友好議連を大事にしてるから」と仰いました。

安倍さんは総理ですから、議連こと議員連盟には入れません。しかし、自由民主党内に当時できたばっかりの日本カタール友好議連の会長は二階俊博さんです。そのとき二階さんはまだ、幹事長になったりはしていませんでしたが、水面下での連携の深さを感じました。

わたしは遠慮なく「総理、政局を理由にエネルギーを考えてはいけません」と安倍総理の眼を見て申しました。

総理は珍しくちょっと目を逸らせて、何も答えません。

わたしは前述したとおり、側近でもブレーンでもなく、その時は国会議員でもなく、ただの淡き交わりの友だちでしたから、こんな風に会える機会は少ないです。ふだん、ほとんど電話です。

だから、おのれを励ましてもう一度、総理に「日本を輸入資源だけに頼る国のままにしておくと、安倍総理の本願も達成できません。エネルギーを国の根幹として考えてください。政局で考えちゃ駄目です」と、声は控えめに申しあげました。

安倍総理は、わたしの目を見ました。

そうは言ってもさ、政局を考えないと、政権が持たないじゃないか。

総理の目はそう言っています。

ほんとうは新しい資源の実用化は、長い時間が掛かります。アメリカはおよそ百年を掛けて、自前資源のシェールガスを実用化したのです。実用化して、カタールを含む中東への依存を脱したのです。

日本のメタンハイドレートの歴史はその時でまだたったの8年ほどです。「これは資源だ」と研究者が考え出した、ほんの萌芽から数えてもまだ、8年でした。アメリカと比べれば100対8です。

したがって、メタンハイドレートが実用化するにしても、ずいぶん先の話です。今からその先を考える安倍総理に、あらためて内心で感嘆しつつ、同時に『しかし先を考えるにしても、既得権益をまず心配するのでは、再登板なさった意義が薄れる』と考え、また、安倍さんのおそらくは言われたくないことを申しました。

「総理、これは総理のお考えだけじゃないですね」

「そりゃ、そうだよ」

「経産省、その裏に居る経済界、これですね」

「裏というかね、それが政権だろ」

「それが政権です。しかし、新しい眼を持ってください」

安倍総理は笑顔を消して、わたしをまじまじと見ています。ふたりの顔はたいへんに近かった。最初からこの時は、総理が小声、するとこちらも小声になります。

「経済産業省の資源エネルギー庁は、実際は、外国から資源を輸入するだけが役割です。どんな粗悪なガスや油でも、輸入できれば、それをメディアと一緒になって『権益を確保した』と言っています。どんなに高値でつかまされても『権益』です。

しかし地球は3割が陸、7割が海です。資源はほんとうは海の方が遥かに多い。だけど水圧に負けて採れなかった。今とこれからは海洋ロボットのおかげで採れます、採れるようになります。その技術開発でコストを下げていけば、いよいよ海洋資源の時代です。世界ではもう始まっています。

日本の海の広さは、総理もよくご存じの通り、世界で6位じゃないですか。国連加盟国だけで193国あるなかで6番目です。

日本の海にあるのはメタハイだけじゃ無い。レアアース、レアメタル、コバルトリッチクラスト、マンガン団塊、金銀銅を含む熱水鉱床。日本は隠れた資源大国です。それが日本国民の新しい、根源的な、希望です。

誰が邪魔してるんですか。

高値の輸入資源だけをエネルギーにするエネ庁（資源エネルギー庁）と、その高値でマージン（利鞘《りざや》）を取る、既得権益型の経済界と、その経済界にカネと票を依存している自由民主党でしょう」

安倍総理は身じろぎもせず聴き入っています。

ふだんから人の話をよく聴く人ですが、ここぞという時は、もっと集中力を発揮されます。

「まず経産省から変えないと。議院内閣制を活かして、経産省を変えて自由民主党を変える。政官を変えて、民が変わる。そこから、日本が資源を持つ国、資源の無い国じゃなくて持つ国になれば、外交力もどれぐらい増強できるか。計り知れません。危機にも強くなる。若い人から高齢者まで国民の意識、気持ちも変わる。総理、ここが肝心です」

「わかった」

安倍総理は短く言って、長い背中を伸ばして立ち上がりました。

わたしは長広舌《ちょうこうぜつ》がちょっと恥ずかしくて、黙して、そのまま座っていました。

何もかも良く覚えている安倍総理は、この時のやり取りを指して、3年後の2016年6月6日月曜の午後に「(青山が国会に来れば) 経産省も変わるなぁ」と仰ったのでしょう。

二十一の壺

6月6日に安倍総理がわたしに突きつけた3つめ、「自民党議員も変わるな」。

わたしはこれにいちばん、驚きました。

現下の自由民主党議員に支えられて、総理に再登板を果たした安倍さんが『自民党は議員が変わらないといけない』と考えているとは、思わなかったからです。

安倍さんは、ただ「自民党議員も変わるなぁ」と仰ったのではなく、「青山さんが部会に出れば、自民党議員も変わるな」とわたしに告げました。

「部会」とは、自由民主党のよき部分です。腐った部分を叩き直さねばならない政権党のなかで、もっとも良質なところです。

この「部会」の存在が、政権担当能力を根っこから担保していると言っていいと考えます。

しかしその中身は、ほとんど国民に知られていません。中身どころか存在も、ふつう分かりません。公共放送というＮＨＫも、部会での議論や決定を伝えるとき「自民党の会合で」としか報じないからです。

まるで何か臨時に議員が会って話した、という印象を視聴者・国民にもたらします。違います。

前述したように、国政の全分野を「農林部会」「経済産業部会」「国防部会」というように各省庁別に割って、自由民主党の政調（政務調査会）に組織としてあらかじめ存在させているのが、部会です。

国会の開会中は、委員会や本会議の審議にぶつからないように早朝8時に開きます。議員宿舎にいる議員は、歩いて党本部に来ることができますが、わたしは民間専門家の時代が長くて都内に自宅がありますからルールを守って、議員宿舎に入居しません。だから朝4時ごろから、時差のある海外との議論も含め、部会で発言する準備をして、途中で万一アクシデントがあっても部会に間に合うよう早くに自宅を出ます。

この部会への出席は、各部会の役員を別にすると、議員の自由参加です。来ない議員は全く来ません。そっちの方が多い。

派閥のボスに何かの理由で「出ろ」と言われたり、支援団体や後援会の利害に関係するときは、ふだん来ない議員も来ます。

わたしは派閥も支援団体もお断りなので、常にみずからの意思です。

出たい部会が同時刻に開かれる場合も多いので、国益と国民益を考えて、選択して参加し、必ず発言し、政府に問います。必要なときには、党にも問います。

この部会は、マスメディアが取材できるのは冒頭だけなのです。

部会の最初に、部会長が挨拶する、政府側も副大臣か政務官が、役所がつくった型どおりの中身のない挨拶をする、そこで記者もカメラマンもすべて外へ出されます。

参加している議員が自由に問いかけ、それに行政官（官僚）がどう答えるかは、何も取材できません。

ただし、部会の終了後に部会長が記者ブリーフをします。

だから非公開だとは言えません。公開とも言えません。非公開と公開の狭間にあるのが、部会です。

わたしが政治記者のとき、このブリーフは当てにしていませんでした。なぜか。参加していた議員に個別に丁寧に取材していくと、ブリーフは部会長を務めている政治家が恣意的に、ご自分の考えや好みで議論をまとめてしまっていて、およそ正確ではないからです。

しかし大半の記者が、いつもの記者クラブでの習慣通り、この便利な「記者ブリーフ」に依存しています。

たまに個別議員に取材する記者がいても、それは議員が党本部を出るまでのほんのひとことふたことの立ち話、聞きかじりです。

だから部会での議論のほんとうの中身が報道されることは、まず、ありません。

国会議員もあまり発信をしません。

だから国民が部会の中身を知ることがありません。議員の発言や問いかけを主権者がチェックもできないのです。同時に、自由民主党の国会議員がふだん朝8時からどんな活動をしているのかも、主権者に伝わらないのです。

安倍総理がわたしに仰った「青山さんが部会に出れば自民党議員も変わる」とは、具体的にどういう意味なのか。

この時の安倍さんは、わたしを選挙に引っ張ろうとしていたのですから、社交辞令を言ったということは、ふつうなら真っ先に考えねばなりません。

わたしも安倍さんの電話の明るい声を聴きながら、それを考えました。しかし、その気配はゼロでした。では何か。

部会で、専門性に基づく問いかけを政府にして政府が苦心して答える。質問の仕方によっては、国会審議より中身の深い、かつ実務に即した質疑ができます。

答えぶりが問いの質によって変わるのは、日常生活も同じですね。

『それを聴いて議員に、議員によっては、何かが起きる。そういうことなのかなぁ』

安倍さんの声を聴きながらそこまで考えて、わたしは、ははぁ、と思ったのです。

『ははぁ』の中身は、明らかにすべきかどうか、正直、迷います。

それを読者と共に考えるために、迷いの原因を書きます。


この本は出版まで苦しみ抜く本です。理由は主にふたつあります。

ひとつ、安倍さんと相談できない。

ふたつ、安倍さんがわたしに話した手厳しい月旦《げったん》をどこまで実名で明らかにしていいか分からない。月旦とは、人物批評ですね。

安倍さんがわたしに話したとき、あくまでふたりだけの話です。電話が多いから、盗聴リスクを別にすると、まったくふたりだけのやり取りです。

しかし一方で、安倍さんが喪われているからこそ、再登板後に憲政史上最長の政権を維持した総理が、たとえば、みずから任命した閣僚の仕事ぶりをほんとうはどう見ていたのか、それは実は主権者に知られるべき情報でもあります。

ノンフィクションの本を書くときは、いつでも引き裂かれる宿命的な二律背反があります。事実を明らかにすべきという責任と、明らかにすると当事者に迷惑もかかるという信義の問題です。

わたしはこのノンフィクションと、それからフィクション（小説）のいずれも書く職業作家です。ノンフィクションの二律背反には、いつも苦しめられます。

安倍さんが西暦２０２２年7月8日に暗殺されてから、このノンフィクションの本を書き始め、原稿は４００字詰め原稿用紙の換算で実に５８９枚に達してしまいました。本の2冊分ぐらいあります。

しかし、2年のあいだ、一日千秋の思いで原稿を待ってくれている編集者に、ただの1枚も渡さなかったのです。

これまでノンフィクションの二律背反に苦しんでも、そんなことは起きませんでした。安倍晋三内閣総理大臣は、トップリーダーとして、世界と日本の機密の当事者でした。その人物が政務においてほんとうは何を考え何を吐露されていたかは、引退なさったり、あるいは死後となれば、基本的には公開されるべき情報です。

政府の機密文書が一定期間後に国民に公開されるのと同じです。

だから、わたしは安倍さんと議論しつつ直面した現場の報告をありのままに、主権者におこなうべきです。

しかしふたつ、特異な事情がありました。

ひとつ。

理不尽に殺害された淡交の友への、どうにも名状しがたい惜別の感情に押し潰されるのです。

プロの作家の責任がありますから、書けないわけじゃない。早朝から夜遅くまでの公務が終わり、深更になると夜明けの直前ぐらいまで、書くことのできる時間が生まれます。その時間に自然に書けるのです。原稿がどんどん溜まります。

ところが、それを編集者に渡す気になれない。

もうひとつ。

膨大な枚数の原稿を書きながら、編集者に渡せないで居るうちに2年が経ち、発刊が自由民主党の総裁選（西暦2024年9月）の目前になりそうとなったことです。

安倍さんがわたしに話した月旦のなかには、総裁選へ出馬の動きをなさっている人が多く含まれています。

それだけならまだしも、わたし自身が一番早く出馬を明言しています。マスメディアや評論家が長く、かつ徹底的に黙殺しても、その事実は変わりません。この書はまさしく、なぜわたしが野心なく野望なく出馬せねばならないか、その核心ともなる書です。

ならば他の候補者に不利になるようなことは書きたくありませぬ。

もっと書きたくないのは、わたしを有利にする情報です。

一方で、安倍さんが遠慮なくわたしに語った月旦は、日本の総理としての信念、志、懸念、隠されていた憤激のいちばん大切な本音です。匿名にしたり、事実を伏せたりすれば、何のための書物なのか、その意義が薄れます。

一体どこで正しいバランスを取るのか。

編集者に渡せば、それは原稿が印刷所に渡されることを意味します。印刷されたら、書店です。もう止まりません。

それをしていいのか迷って編集者に渡せない、その初めてのことがおのれに起きてしまいました。

ここまで書いていて、分かりました。

前述の、わたしが『ははぁ』と思った中身は、大袈裟なことではないし、さらりと書くべきです。

安倍総理が「自民党議員も変わる」と仰ったのは、ご自分のちょっと愉しい経験があるのかも知れません。

わたしは嫌と言うほど、安倍さんに、ツマラナイ考えを話してきました。それが安倍さんの考え方に、ほんの僅か、ちょびっとだけは変化をもたらしたのかもしれなくて、ひょっとしたら安倍さんもほんのり愉しくて、それを「自民党議員も変わる」と表現されたのかなと考えたのです。

部会への出席は、前に書いたとおり、議員の参加は自由です。わたしが必ず参加する外交部会や国防部会は、日本では票になりにくい分野なので、参加議員が少なめです。だから、わたしが自由民主党の議員になって、部会で政府側と議論する立場を主権者のおかげで得たとしても、その議論を聴く議員は自由民主党のごく一部です。

しかし安倍さんは、ひょっとしたら、ご自分にいわば愉しい経験があって、同じことを他の議員にもと思ってくださったのかも知れないと今、考えています。

二十二の壺

そのうえで、こんなことをわたしに不遜にも思わせるぐらい、安倍総理は上手にわたしを説得に掛かったわけです。

おそらく安倍総理は、やろうと決めたら、ちいさなことも大きなことも力を尽くされるのでしょう。

世界の首脳を説き伏せる魅力と戦術を、わたしごときにも展開されたのではないでしょうか。

で、わたしは安倍さんの提案をお受けしたのか。

それが、断る決心をしたのです。

前に述べたように、独研の灯火を消したくなかったことが一番です。

選挙に出るのなら、当選か落選の結果が出る前に、独研の社長も首席研究員も辞めて、創業者株も無償で返上すると内心で決めていました。

だから、独研を前に進めることと、選挙への出馬は両立しません。

ただし『お前が居なくなったら独研が傾くと思うのは、傲慢だ』とも考えていました。

創業社長もいつかは辞めるのです。次の社長が、独研の理念を深く理解してくれていれば、それで済むことです。

だから、独研の社長を辞めねばならないと考えることだけで、一国の総理の願いをお断りするというのは違うとも考えました。

では、他に何があるか。

『受けたら、人生が壊れる』と確信していました。

政治記者を10年務めた経験からです。政治記者になる前の事件記者のとき、経済記者のとき、いずれも政治家の取材も欠かせませんでした。したがって記者生活の18年9か月にわたって、議員生活の現場を見ています。

ちゃらんぽらんの国会議員というのは与野党ともに、少数ではあっても居ます。選挙だけは必死でも主権者の負託には力を尽くして応えてはいない。それでも選挙さえ受かれば、「先生」です。

ただ、おのれがもしも議員をやると、みずから人生を粉々に壊して、やるのです、きっと。

しかし、その予感を、断る理由にするのなら国事より自分を優先することになります。

それでいいのなら、国益を追求するなんて妙な民間会社を経営していません。

だからいずれも、断る決定的な理由にはならないのです。しかし、断る。安倍総理にも世耕官房副長官にも、お断りする。

なぜか。

政治家が嫌だからです。

まつりごと（政）は、決定的に大切です。

日米が開戦する直前の時代に、時の総理が天皇陛下と米国大統領の首脳会談を実現していれば、そのあとの310万人の死を避けられたという考え方を、前述しました。

しかし現在の政治家にはなりたくない。

政治記者だったから、安倍さんをはじめ政治家に沢山の知友がいる。しかし、おのれの生き方そのものとは違う。

国会議員にはなっても、いわゆる「政治家」にならなければいいのではとも、考えました。「政治屋」ではなく、ほんとうの「政治家」にむしろなるべきではとも考えました。

そんなことが成り立つのか。

やってみなければ分からない。

しかし年齢的にも安易に「やってみればいい」とはならない。

安倍さんにも世耕さんにも申し訳ないけど、最後のお断りの電話をしようと考え、それを配偶者の青山千春に話しました。

東京水産大学（現・東京海洋大学）の航海科に創立以来初めての女子学生、という産経新聞の記事を読んだのが出逢いのきっかけです。

西暦２０１６年６月当時の青山千春は、独研の自然科学部長です。海の資源研究で博士号を持ち、総合シンクタンクである独立総合研究所のサイエンス部門を担っていました。

青山千春は結婚以来、「あなた」とは呼ばないままです。照れるのだそうです。

そこで記者時代には「ねぇ」と名前も何も抜きで呼ばれ、独研の社長となってからは「社長」と呼ばれ、今は「議員」です。家に帰っても「社長」だの「議員」だのは勘弁してほしいですが、「女子は何をしても良い」がわたしの信念のひとつなので、そのまま許容しています。

この青山千春博士に「安倍さん、世耕さんに断りの電話を入れるよ」とわたしは告げました。

するとEメールをくれました。

本人の許しを得て、抜粋します。

「社長
昨日言おうと思って、寝てしまったので、忘れちゃうから、メールで送っておきます。

参院選の件。

国のため国民のためを考えるなら、議員になるのを優先した方がいいです。

議員になってもならなくても一般の若者を啓蒙できると思います。

しかし、議員にならなければ、議員や役人を啓蒙するのはそれは大変です。

むかし、社長は『幕末のように大きく時代が動く時がもしあれば、自分は活躍できる』と言いました。

たぶんそれが今です。

人生の流れとして、民間の専門家はひとまずこれで終わりにして、議員になり、国のために戦うのがいいと思います。

『安倍総理の部下になってしまうと、総理に中立な立場でものを言えなくなる』と社長は言ってましたが、議員になっても社長なら総理にものが言えると思う。

社長が、決断できない理由は、プライベートな時間が全然無くなるとか、いろいろ理由があるような気がしますが、国益を思うなら、今が決断の時です。

私が積極的な理由は、拉致家族が死んじゃうからです。

それから、国民が誇りと自信を持つようにするのだーっ」

このメール（抜粋）には、どこか安倍総理の仰ることと共通項があります。

しかし、それでもわたしはまだ、出馬を選択しませんでした。

すると青山千春博士は、ＪＡＭＳＴＥＣ（海洋研究開発機構）の研究調査船「かいめい」に乗船する準備の過程で、電話をくれました。

低い声で「後悔しますよ」。

それだけです。

そのあとは連絡が取れません。乗船してしまいました。船乗りと連絡を取るのは、ときどき大変です。

わたしは困って、独研の社長室に居る清水麻未秘書に安倍さんからの電話の中身を話して、意見を聴いてみました。

清水秘書は、一緒に厚労省に行ったときに驚いた記憶があります。

硫黄島の英霊をふるさとに取り戻すことは、安倍総理に申しあげただけではありません。

民間人に過ぎませんが、自分で厚労省に交渉を続けていました。

すると厚労省は担当局長を出してきました。官尊民卑の日本では例外的なことです。

官尊民卑だけではなく中央と地方の格差も実は激しく、知事さんでもなかなか局長など会ってくれません。

のちに総理となった細川護熙《ほそかわもりひろ》さんが地元の熊本県で知事のとき、知事公舎にお訪ねしました。

寝起きで髪を乱した「殿」こと細川さんは、どんな格好でも肥後熊本藩の名家のご当主の風格があります。

その細川さんは、まだ若い記者だったわたしにこう仰いました。

「バス停をひとつ動かすだけで知事が上京して運輸省（現・国交省）へ行かなくちゃいけなくて、しかも課長すら会ってくれない。やっと課長補佐が出てきて、しかも廊下で立ち話だよ。だから青山さん、私は国政に復帰する」

厚労省の局長室で、硫黄島の滑走路を引き剝がして英霊を取り戻すべきだと交渉していると、局長は言を左右にしてなかなか、はっきりしたことを言いません。

すると、わたしの左肩の後ろあたりから何だか妙な気配がします。

思わず振り返ると、まだ20歳代前半の独身女性だった清水麻未秘書が、ふだんからはまるで想像できない鬼の形相で局長を睨んでいます。

局長さんも、その清水秘書の恐ろしい顔に気づいて、なんだか、しどろもどろになっているのです。

わたしは『こいつ、国士だなぁ』と感嘆し、『ほんとうに英霊とそのご遺族の気持ちになっているんだ』と思いました。

そもそも独研の秘書採用の面接で、わたしのことをあまり知らなかったと言うので「では、なぜ志望したのですか」と問うと、「私は会社から帰るとベッドに突っ伏して泣いています」と、まさかの答えです。

「一生懸命に営業をやっていますが、いくらやっても国のためにはならない。独立総合研究所なら国のために働けると、青山さんの本の読者の友だちに聴いて、ここに来ました」

わたしはこの答えで、社内の異論を押し切って、社長秘書に採用したのでした。

ちなみに、この「友だち」が今、彼女の配偶者です。清水麻未は三浦麻未、二児の母となって現在、「青山繁晴チャンネル☆ぼくらの国会」という動画でMCを務めてくれています。その動画は、わずか4年で視聴回数が3億3千万回というお化け動画です。

ずばりＭＣ麻未の功績が大きい。

そして議員会館の青山繁晴事務所の、公設政策秘書です。わたしの戦友です。

当時の清水麻未・社長秘書に相談すると、ただひとことをさらりと、しかしきっぱり言いました。

「社長、国益のためです」

わたしは安倍総理ではなく、最後はふたりの日本女子に動かされて、ついに決めました。

しかし同時に、安倍総理のあの見事な人たらしの電話がなければ、わたしは、そのふたりに相談することすら無かったでしょう。

世耕官房副長官が１月から６月までずっと、諦めることなく声を掛けてくださったのが、その安倍総理の電話をいわば準備したのでした。

このいきさつからして安倍総理よりまず、世耕官房副長官に伝えるべきだと考えました。

二十三の壺

安倍総理から印象深い電話をもらって９日間も経った２０１６年６月15日水曜日の朝８

時、世耕さんの携帯に電話して「お受けします」と申しました。

その瞬間、誰にも言えない重いものが身体の奥底に沈んでいくのを感じました。

あぁ、やってしまったか。

たいへんなことになるぞ。

そう、つくづく思いました。しかし踏み切ったのです。わたしのささやかなルビコン川を渡りました。

驚くほど喜んでくださった世耕副長官は、一方で、「これはとにかく急がないといけないです」と仰いました。

それはそうです。参院選の公示は、ちょうど1週間あとの6月22日水曜です。与野党を問わず他の候補が最低でも1年を掛けることを1週間でやらないといけない。

ただし、わたしはすでにひとりで決意していました。

旧来の選挙は一切やらない。

お金を集めない。

団体支援は一切、受けない。既得権益の団体、業界団体、宗教団体……何の団体だろうがすべてお断り。

自由民主党の組織の支援も受けない。

おそらく安倍総理との写真撮影となるのだろうけど、その写真も使わない。安倍総理の応援も受けない。

では何をやるのか。

選挙カーも自力を中心に用意して、清水麻未秘書とふたりで遊説する。主権者の眼を見て直に話す。それが、おそらくはどなたかの手でネットに自主的にアップしてくださる。

それだけです。

独研の総務部秘書室に所属する清水秘書は、有給休暇を取りました。

わたしは選挙戦の最中に、みずからの自由意志で独研の代表取締役社長を辞め、首席研究員も辞め、創業者株も全株、無償で返上する。

これですべてです。

自由民主党本部の事務方は当然、心配なさって色々に言ってこられましたが、安倍総理や世耕官房副長官が「青山さんの選挙は大丈夫だ」と確信を持って仰るのだから大丈夫なんだろうと、いったんは諦めたようでした。「とはいえ、ポスター用の写真だけは今日、撮ってください」という連絡が来ました。

ポスターも嫌だと申しました。

政治家になりたくない理由のひとつが、その顔ポスターでしたから。よその家の塀に貼ったり、道路に看板で立ててあったり、そうやって自分の顔と名前を売り込むというのは、育った家の「自分を売り込むな」という家庭教育に反しているのです、すみません。

人様がおやりになるのはまったく問題が無い。ただ、おのれがそれをやるのは受け容れがたい。

しかし「ポスターが1枚もないのでは、青山さんが立候補していることが有権者に分かりません」という党本部の事務方の主張は正しいと考えました。

そこで渋々、1枚だけ作ることにして、党本部から案内された地下スタジオに行きました。清水秘書が一緒です。

するとカメラマンのかたが「眼が小さいので、見開いてください」と仰います。

1枚作ると決めた以上は、プロの写真家の言うことは聞きます。

そこでやむを得ず、垂れ目を見開きました。

すると今度は「TVタックルなどで怖い人というイメージがあるから、笑ってください」

テレ朝のTVタックルは生放送じゃなくて編集です。だからイメージをつくられてしまう。それがテレビなので、自分で決めて出ている以上は、文句は無い。

そこで、これもやむを得ず、笑いました。

すると眼がまた小さくなる。手厳しくそれを追及されるから、見開いたまま無理な作り笑いをして、パチリ、パチリ。

想像したとおりの奇怪なポスターができました。わたしの本の読者に「変だ」と不評でした。

それでも、変なポスターでも、ちっとも構いません。わたしはわたしです。

びっくりしたのは、まったく別のことです。

辛坊治郎さんという著名なジャーナリストが居ます。まったくお付き合いはありません。その人が著書に「青山さんが公示の直前に出馬を決めたというのは嘘だ。なぜならポスターがある。ポスターはすぐには作れない。ずっと前に決めていたくせに、何だかなぁ、この人」という趣旨を書いて、しかも何の取材もなかったのです。電話1本ないのです。ご本人の空想、それもまったく間違った勝手な空想だけ。これでジャーナリスト？

ははぁ、国会議員になるというだけで、こんな理不尽が、ふつうになるんだと分かりました。

2016年6月15日水曜の朝に、世耕さんに受諾を伝えて、その日に急遽《きゅうきょ》、ポスター撮影になったわけですが、もうひとつ、世耕さんから伝えられました。

「安倍総理がすぐ、お会いします」という連絡です。

二十四の壺

いま考えれば、どうしてそこまで、というほどこの面会は極秘にされました。

6月16日木曜の朝8時に、通称「虎8」(正しくは「DHCシアター」)というネット番組に参加したあと、すぐ参院議員会館の世耕事務所に入ったのです。

そこから車で総理官邸の裏口から入りました。

官邸で安倍総理と会うのは、これまで常に二人きりだったのですが、今回は世耕弘成官房副長官らが笑顔で同席です。

安倍総理がまず、わたしの正面で両手を広げるようにして、こう仰いました。

「決断に感謝しています。青山さんにしかできないことがあります」

これも簡潔に力強く、勇気づける見事な言葉です。ふつうなら当選するはずもない超・出遅れの新人候補にです。

これまでの総理総裁なら「もう来週に公示です。あなたは準備ゼロ、なんとか間に合うように選挙戦を頑張ってください。甘くありませんよ」という感じのことでも言われるところでしょう。

選挙に通らなければ、国会議員の仕事は何もできないのですから。

しかし安倍総理はもう選挙を通り越して、議員となったあとのことを話され、「あなたにしかできないことをやれ」と仰った。

それはわたしがこの時、内心で考えていたことと、ぴたり重なりました。

脱私即的。だっしそくてき。

わたくしを脱して、本来の目的に即（つ）く。

わたしの造語です。

人に良く思われたいとか、自分が有利になりたいとか、そのようなエゴ、私心（わたくしごころ）を脱して、その向こうにある本来の目的に集中する。

大学生のとき、早稲田ラグビーの試合を観ていて、接戦の負け試合のノーサイド（試合終了）直前に、早稲田大学の俊足で鳴らした選手にボールが渡りました。

若いわたしはふと、考えたのです。

「あの選手が、俺が逆転すれば英雄だと思えば、最悪だ。失敗するだろう。俺が逆転してチームと母校に栄光を、と思うのが、次善。ボールを持って風のように敵のタックルをかわして気持ちよく走るだけ、それで試合が終わって敵、味方のないノーサイドというのが本来のラグビー・ゲームの神髄、目的だ。それだと結果も付いてくる」

のちに初めて関西テレビの報道番組の生放送に参加したとき、スタジオの設備が想像を超えて大掛かりで、スタッフも多く、強いライトが幾つもの方向から当たっています。

『わぁ、これは失敗できないなぁ。俺、緊張しちゃいそうだ』と思ったとき、あのラグビーの試合が頭に浮かんだのです。

『番組に参加するのは、主権者にほんとうのことを伝えるだけ。それが本来の目的だ。あいつ上手く喋るなと思って欲しいとか、それらは全部、よけいなことだ』

そう思うと、すっと落ち着いて、伝えるべきを伝えることに集中できたのです。

総理官邸の一室で頭に浮かんでいたのも、これでした。

同胞のために生きる。それが本来の目的です。選挙に出る出ないの前に、それがずっと目的です。

では、選挙だからといって、おのれを売り込んだりすることは無い。自分を、やり方を変えることは無い。安倍総理が仰るように、おのれにできることに集中する。

総理の笑顔を見ながら、そう考えていました。

「総理が電話で、ひとことでも、わが党のために出てくれと仰っていたら、出ませんでした。国会質問や党の部会での発言で、外務省、それから経産省、自由民主党議員が変わると言われたから、初めて出馬を考え始めることになりました。自分でも意外でした」

そう言うと、安倍総理はさらにニッコリです。

そこへわたしが「最終的には、青山千春と、社長秘書の日本女子ふたりに背中を押されました」と言ったので、安倍さんはちょっと「あれ？」というお顔になりました。俺の電話だけで決めたのじゃないのか、という感じです。

そして、あ～、だからなかなか返事が来なかったのかという表情になりました。

しかしすぐに、安倍総理は本題に戻られました。

この日の本題とは、もちろん「決心は分かった。で、これからどうするのか」ということです。

「青山さんの強力な発信力を今後は、国会で発揮して欲しい。それは青山さんにしかできない」

と、総理は言いながら世耕副長官に「(青山が出馬を表明する)記者会見の予定はどうなっているの?」と尋ねられました。

世耕副長官はいつものテンポの良さで「大阪で開きます。来週です」と答えられました。来週というのは、2016年6月20日です。公示まで、あと2日です。

わたしは「会見に、自由民主党の施設は使いません。関テレの報道番組に参加していたときに定宿だった、大阪市内のホテルでやります」と、ふつうなら少しムッとされるようなことを言いました。総理も副長官も「なぜ、党の施設を避ける」とは問わずに、そのまま黙って聞かれました。

わたしは「選挙事務所も大阪に置きます」と付け加えました。

安倍総理は「それはいい」と真剣に頷かれました。

「(関テレのスーパーニュース・アンカーを放送していた)関西で、青山さんが選挙に出馬しているんだと有権者に知らしめることが大切です。それは、そう簡単なことではない。おそらく有権者は、まさか、青山さんが選挙に出ているとは思わないからね。ネットの活用も絶対に必要だよね。そのうえで、東京も大切です。青山さんは東京でも知名度があるから、それを活かさないとね」

とても滑舌よく、話されます。ただし、ふたりで話している時より、ずっとフォーマルです。

「なるほど」。わたしは、本当になるほどと思って、そう相槌《あいづち》を打ちました。

安倍総理は機嫌良く話されているときの癖で、次々に考えが浮かぶ感じです。

「大阪の会見ではさ、スポーツ紙が大事だよね。一般紙はさ、安倍政権にプラスになることは意図的に書かないから」

この会話も、わたしが直後に記録しておいたメモを元にしていますから、記者出身者として、正確です。

わたしは18年9か月の記者時代、相手の眼を見て対話し、議論することで取材し、メモはあとで起こしていました。

相手の目の前でメモを出して、うつむいて書きながら取材するのでは、こゝろが通いませんし、相手は実は内心で警戒するので、ほんとうのことを摑みにくいと考えていました。

20年近くの長きにわたって、おのれの記憶力を鍛えようと努め、人間の理解力を高めようと努めていました。

この日も総理官邸を後にしてから、安倍総理との対話を書き起こしました。

いま読み返して、つくづく思うのは、選挙のプロ中のプロである安倍総理と世耕官房副長官が、ただのひとことも、わたしの選挙の先行き、当落に言及していない不思議です。

もうお分かりのように、常識では間に合うはずのない出遅れです。

しかも、その遅れを取り戻す策を何もやりません。

遊説して、聴衆の眼を見て対話し、関心を持たれた主権者がネットで議論してくださることを期待する、それだけです。

そうであることを、すでに安倍総理も世耕副長官もご存じでした。政治記者だったわたしも見たことのない、かつてない選挙活動です。

それなのに疑問符のひとつもなく、いい結果が出ることを信じておられる。

これがいちばん、驚きでした。ふつうなら「甘い」、あるいは「未熟だ」と懸念を持たれるところです。

それがなぜ、無いのか。

安倍総理が「外務省が変わる」「経産省が変わる」「自民党議員が変わる」と電話で仰っ

たのは、実は「変えろ。変えてくれ」ということなんだなと、僭越を承知で、理解すべきなのではと考えたのでした。

安倍総理は「じゃ」と言われて立たれ、「青山さん、写真、撮ろう」と仰いました。

ふたり並んで撮りました。

もちろん選挙用です。記念写真ではありませぬ。

撮ったあとわたしは総理に、カメラマンのかたをがっかりさせないように総理だけに聞こえる声で「総理、これは、選挙で使いません」と申しました。

安倍晋三総理大臣は、わたしの眼をじっと見ました。柔らかな、まなざしでした。

そうです。安倍さんは、なんとも言えない、懐かしいような柔らかさを持つひとでした。

二十五の壺

この翌日の6月17日金曜、わたしは清水秘書（現・三浦公設政策秘書）と共に、都内のホテルニューオータニの一室を訪ねました。

そこには自由民主党本部の事務方の幹部と、それからテレビ番組でご一緒したことのある著名な選挙プランナーがいらっしゃいました。

党幹部は、「安倍総理のご推薦による出馬なので」と、支援団体をふたつ用意したから直ちにその団体に挨拶に行ってくださいという趣旨を仰いました。

『ははぁ。党は旧来のやり方を諦めたわけじゃなかったんだ』と思い、ひょっとしたら他の候補者ないし議員から引き剝がした支援団体なのかなと感じました。わたしの勝手な感覚だけです。ほんとうの経緯は分かりません。

しかしいずれにしても、答えるべき答えはひとつしかありませんでした。

「わたしは一切の団体支援を受けません。したがって挨拶にも行きません」

党幹部は驚きの表情ですぐにこう仰いました。

「青山さんに知名度があっても、こんな公示間近の時期からの立候補では、選挙に出ていること自体、知られずに終わります。団体の支援は欠かせませんせん」

「いえ、受けません。参議院の全国比例に立候補するなら、それが本来の姿です。現実の全国比例では、職能代表と称して、たとえば農協や郵便局といった既存組織から推された議員が主流です。そういう議員も必要な側面はあるでしょう。しかし、わたしは支援団体もなく、地元もつくらず、後援会もつくらず、後援会長も置かず、それから献金も誰からも受けず、パーティも開かず、安倍派を含めて派閥に属さず、派閥に準じたグループにも属さず、ただただ全国民のために出馬します。人に同じことをしろとは決して言いません。しかし、わたしはそうします」

党幹部は、啞然とする表情で聴いておられましたが、「しかし、実際の選挙のやり方は、この選挙プランナーのアドバイスを聞いて、おやりください。（元政治記者なら）選挙もお詳しいでしょうが、実際に自分がやるとなると違います」と言われました。

即座に答えました。

「いや、旧来型の選挙はやりません。主権者を誘導するような戦術もやりません。選挙プランナーは不要なので、お帰りいただきたく思います。ただし、党本部の依頼で、ここまで来られて、それ自体がお仕事ですから、その分の報酬は受けられるべきです」

するとこの顔見知りの選挙プランナーはいきなり、「まず色を決めてください。イメージカラーの色です」と仰いました。

わたしは内心で、その逞しさに感心しました。お帰りくださいと、あえて申しあげたのに、まるで何も聴かなかったが如しです。

「色など決めません。そもそもイメージで選挙をやることをしません」

そして党幹部の目を見て申しました。

「ウグイス嬢も、申し訳ないですが、要りません。名前だけ連呼して主権者に覚え込ませる選挙もやりませんから」

ウグイス嬢とは、蛇足ながら、ウグイスのように爽やかな声でアナウンスする女性のことです。野球のスタジアムなどにいらっしゃいますが、この場合は、選挙カーに同乗して「〇〇でございます」と、主として候補者の名前を呼び続けるわけです。

「ウグイス嬢の仕事を奪うつもりはありません。だから他の方の選挙カーでは、いいと思います。ただ、わたしは要りません。この清水秘書とわたしのふたりで、遊説して政策を語ります」

そして「選挙のやり方だけではなく、もしも当選したら議員の生き方も変えます」と述べて、「まず歳費を返上したいです」と申しました。

歳費というのは、国会議員の給料のことです。

この歳費も、わたしが長年、選挙を断り続けた理由のひとつでした。生活費は自分で稼ぎたい。わたしは自力で生きたい。生活費を国民の税の世話になったりしたら、自由を喪うし、国民の側からは「俺が養ってやっているのに、俺の期待することをやってない。期待することだけをやれ」と要求も出るでしょう。

だから歳費の返上は、6月6日に安倍総理から電話を受け、やむを得ず初めて「受けるかどうか」を考え始めたときから、「もしも受けるなら、当選しても歳費を返上する」と考えていました。

すると党幹部は、すこし顔色を変えて「そんなことは憲法違反です」と仰る。

そういえば憲法の第49条に「両議院の議員は、法律の定めるところにより、国庫から相当額の歳費を受ける」とあります。その場で憲法を確かめました。

「歳費を返上したら憲法違反だし、歳費を受け取ってから寄付したら、参議院の全国比例では公選法違反です」

「なるほど、それは分かりました。しかし選挙については、理解をお願いします」

これで打ち合わせは終わりです。

党幹部が苦労なさって用意されたことはことごとく拒んだわけです。

しかしさすが、歴史ある政権党の事務方幹部です。「それで受かるんですか」といったことは、ただのひとことも仰いませんでした。

最終的にはすべて、不肖わたしの申したことを受け容れてくださいました。感謝しています。

二十六の壺

この会合が6月17日金曜ですから、翌日は土曜日です。15日の水曜朝8時に世耕副長官に受諾の電話をしてから初めての週末です。

もしもわたしが団体支援を受け容れた候補者なら、その週末は必死で関係各所を回るのでしょう。

しかしわたしは遊説で主権者のみなさんに直に政策を語る以外のことは一切しないと決めていましたから、かねてから参加を約束していた旅行に出かけました。

これは京都商工会議所会頭の立石義雄・オムロン名誉会長のご夫妻を囲む会からのお誘いで、岐阜県の温泉や長野県の諏訪《すわ》大社《たいしゃ》下社《しもしゃ》秋宮《あきみや》を青山千春博士と一緒に訪ねたのです。

当時の立石さんは、経済界の重鎮です。これもふつうの候補者なら、支援をお願いするところでしょうね。

わたしは支援は何処からも一切受けないと決めていましたし、20日に大阪で記者会見するまでは、外に明かさない考えでしたから何も言わず、立石さんたちとの心の交流を愉しみました。

6月6日に安倍総理からの電話を受けて以来、それまでの仕事と生活を何も変えていません。

東大教養学部、近畿大経済学部で教えること

防衛省の幹部研修、総務省の消防大学校、警察庁の関東管区警察学校それぞれで講師を務めること

政府から委託され、報酬も交通費も原則として返上して務めていた公職（消防審議会委員、総務省NHK海外発信強化検討会委員、海上保安庁政策アドバイザー、文科省参与・日本原子力研究開発機構改革本部委員、経産省総合資源エネルギー調査会専門委員、原子力委員会原子力防護専門部会専門委員、日本版NSC・国家安全保障会議創立有識者会議委員）の任務をこなすこと

それから作家として、小説「平成」を「平成紀」と改題して文庫本にするための改稿、表紙のデザイン原案作成、その表紙のタイトル文字を手書きで書くことや、ノンフィクシ

ヨンの「ぼくらの哲学」の長文の原稿を脱稿すること
静岡県沼津市の経済界から要請されて講演し、経営者の集まり「先見社長会」で講演し、神奈川県の茅ヶ崎ＪＣ（青年会議所）で講演すること
ニッポン放送のラジオ報道番組「ザ・ボイス」、ＲＫＢ毎日放送のラジオ番組「インサイト」、クロスＦＭ放送の音楽番組「オン・ザ・ロード」、関テレのテレビ番組に参加すること
それから独立総合研究所の代表取締役社長・兼・首席研究員として、日々の研究活動と経営、それに長い歴史の会員制レポートの東京コンフィデンシャル・レポート（ＴＣＲ）を執筆し、主権者と一緒に現場に行くためのインディペンデント・クラブ（ＩＤＣ）のミーティングを開くこと
……わりあい盛り沢山な仕事生活をそのまま淡々と続けました。
そして6月20日月曜、羽田空港から伊丹空港へ飛び、大阪の帝国ホテルに入りました。ここは関テレに近く、その報道番組スーパーニュース・アンカーに参加していたとき、局が指定した定宿でした。
なじみのホテルマンに案内されて、午後2時まえに会見場に入ると、沢山の記者が集ま

り、顔馴染みの記者も居ます。

さらにアンカーでご一緒した人気アナウンサー、村西利恵さんと岡安譲さんのお顔もあって嬉しかった。

会見を始める前に聞かれたのが「青山さん、きょうは何の会見ですか」という面白い、しかし無理もない質問でした。

「選挙に出るんです」

「え、何の選挙ですか」

「6月22日公示、7月10日投開票の参院選です」

すると会見場が一気にざわめきました。

「えっ。そんなん、間に合うはずが無いじゃないですか」

「この会見、中止でいいですよ。間に合いません。無理です」

村西さん、岡安さんは複雑な表情です。

『青山さん、ついに踏み切ったか』と気持ちは応援しつつ、やっぱり無理じゃないのかなと心配している感じです。

わたしは記者の反応にむしろ感謝しました。遅すぎる出馬だと突っ込んでやっつければいいのに、本気で心配する記者が複数いたのです。

「いや、予定通り会見します」と述べて、出馬の意思を語りました。

二十七の壺

記者の質問にすべて答えて、伊丹から羽田に戻る機中で、安倍総理に会うまえ、世耕さんから話があったことを思い出していました。

前述の通り、6月16日木曜に総理官邸を秘かに訪ねるとき、まずは参議院議員会館の世耕弘成議員（官房副長官）の部屋に入って、そこから車で官邸に向かったのでした。

事務所で世耕さんはこう仰いました。

「（自分の親戚が元大臣だから世襲議員として扱われているが）私も、世襲で自動的に出たのじゃないんですよ。NTTに入社して、社長を目指していて、まったく（選挙に）出る気は無かった。それを説得されたんです。だから青山さんの気持ちは分かる。決断に、たいへんに感謝しています」

わたしは黙して聴いています。このわずか8年あとに、世耕さんが自由民主党を離党することになるとは、おたがいに想像もできていません。

世耕副長官は話を続けます。

「青山さんなら、今から出ても、30万票は行くでしょう。自民党の（全国比例の）中では、トップ当選ではないかな」

そしてこう仰いました。「青山という名前だから、五十音順の比例名簿のトップに来るのも実に大きい。投票所で名簿を見あげて、トップに知名度のある名前があると、それだけで10万票ほど出るのではないかと思いますよ」

わたしは、この話に、『あなたにはその幸運もある。だから決断は揺るがないよね』という含意、無意識のダメ押しがあるなと感じました。

しかしこの部分は大間違いだったのです。

嘘とは言いません。世耕さんにそんな意図は無い。ただ、間違いだったのは事実です。

地方の人口減に選挙の定数を無理にでも合わせるため、島根県と鳥取県、高知県と徳島県、それぞれ1人づつの参議院議員を出してきた県は、2県で1人になってしまいました。「合区」ですね。

つまり、自由民主党は本来この4県で4人の候補者を立てるはずが、2人になってしまったので、残りの2人を全国比例に回したのです。

その2人を優先させようと、あいうえお順とは関係なく、比例名簿のいちばん上に持ってきました。

この西暦2016年7月10日投票の参院選の全国比例名簿では、一番目に高知の中西哲候補、二番目に鳥取の竹内功候補が目立つように載ったのです。

その効果は世耕さんが仰ったとおり、しっかりあって、当時、全国的には知名度が高くないはずの高知の元県会議員、中西さんは、39万2千票という大量得票で上位当選されました。

ただわたしについては、名簿が三番目で、効果は特になかったと思われます。なぜか。前述の竹内さん（元鳥取市長）は、一番じゃなくて二番だっただけで8万8千票しか取れず落選なさったからです（のちに繰り上げ当選）。

なぜ、こんな基本的なことを世耕さんが間違って仰ったのか、それは分かりません。

世耕さんがわたしに言われたときはすでに、中西さんと竹内さんを名簿の最上位に置くことは決まっていました。

やはり、官房副長官は政府の要職であり、自由民主党本部の選対委員長とは違って、参院選の具体的なことにはあまり通暁されていなかったということなのでしょう。

したがって、世耕さんの私に対する票読みは10万票を減じて、20万票ぐらいということになります。

しかしわたし自身は、そうした票読みにはほぼ関心が無く、トップ当選するかどうかはもっと関心がありませんでした。

安倍総理と同じく、なぜか、当選はすると確信していたからです。根拠も同じでした。

「アンカー」の影響力です。

のちに分かったことがあります。わたしを選挙に出そうと安倍政権では何度も検討されたそうですが、安倍総理が深く信頼していた情報当局者が「国会の一年生議員になるより、アンカーで公平な報道をしてもらった方がいい。アンカーの視聴者は非常に多い」と反対なさって、安倍総理も考え直すということがあったのです。

安倍総理はこの当時、最後には「そうだね。在野で活躍してもらうのが国のために良いね」と明言され、それでも動こうとした関係者に強い口調で「青山さんに出馬要請をするのは諦めろ」と指示されたそうです。

その「スーパーニュース・アンカー」と言う関テレの報道番組が終了したので、あらためて出馬要請が浮上したということでした。

わたしは上位か下位かは関係なく、当選して国会で政府に問う権利を、主権者からいただければそれでいいと当然ながら考えていました。

だから世耕さんの話にも、特に反応せず、黙してそのまま伺っていたのです。

二十八の壺

あっという間に6月22日水曜の公示日が来ました。

その2日前の20日月曜午後に大阪で出馬会見をして、東京の自宅に戻ったのはもう夜10時半ごろです。

ほんとうの準備日は、21日火曜の1日しか無かったわけです。

準備といっても、大阪に選挙事務所を置いたり、選挙カーを手配したり、ほんとうの最低限の事務的なことだけです。組織票は皆無ですから、挨拶回りなども皆無です。

公示日となり、朝10時半に選挙カーで自由民主党本部を出発しました。

ウグイス嬢は無し。同乗は、独研の有給休暇を取ってくれた清水秘書です。それにわたしの家族。ただし青山千春博士は、海洋研究開発機構（ＪＡＭＳＴＥＣ）の研究調査船「かいめい」に海洋資源探索のために乗船していて、選挙の手伝いどころか、いつものように陸上にいません。「奥さんが家にいてくれない」と嘆く友だちも居ますが、わたしの場合、そもそも陸にいません。わはは。

運転は、清水秘書のお父さんが引き受けてくれ、お母さんも乗ってくださっていました。みんなボランティアです。

都内を、わたしがマイクを握って流したあと、東京駅の八重洲口に行きました。

ここで最初の大きな驚きがあったのです。

凄まじい数のひとびとが集まっていて、何が起きたのかと思うと、それがみな、わたしの演説を聴きに来ていらしたのです。

出馬表明はおとといです。それまでは16日に安倍総理と会ったのも極秘、わたしの出馬など誰も知らない、噂もなく、想像もされていませんでした。

だからインターネットで「実は参院選に出ます。22日に八重洲口で最初の街頭演説をします」と告知したのも、直前です。

それがどうしてこんなに集まってこられたのか。びっくりしましたが、警察もびっくりしたようで、人の整理にてんやわんやです。

しかし、いちばんの驚きは、人の数よりもみんなの表情の真剣であること、そして眼の輝きです。

そして新幹線に乗って大阪へ移動しました。選挙カーは何と、清水秘書のお父さんが運転して大阪へ持ってきてくれました。

そして大阪では、アンカー時代によく利用して信頼するタクシーの運転手さんに運転をお願いして、関西での最初の遊説に出ようとして、わたしは助手席でマイクを持ち、声を出し始めたとき、ガツンと烈しいショックがあり、わたしは首を大きく前後に揺さぶられました。

事故です。

運転手さんが、選挙カーの屋根には「青山繁晴」と大書した看板が乗っているのを忘れて、ガード下に車を突き入れたために、上がそのガードにぶつかったのです。

もちろんシートベルトをしていたために、痛むのは首だけ、幸い他の人はみな、清水秘書をはじめ怪我はありませんでした。

選挙カーはガードに挟まれて傾いて止まり、インターネットでは「青山繁晴、出馬直後に左に傾いて止まる」と写真付きで書き込まれて、思わずわたしは大笑いしてしまいました。

大笑いはしたけど、そのあと、どんどん首の痛みは激烈になり、演説しながら顔がどうしても歪んでしまいます。

選挙カーも、事故の現場検証と、それから修理が終わるまで喪ってしまいました。

かつてわたしの講演を聴いてくれた関西の経済人、総合建設会社「ウェイズ」の渡辺健司社長らが奔走され、ふつうのセダンに乗り換えました。

雨が降ってきて、そのセダンから降りて、街頭にぽつんと立って演説をしました。

病院には行けません。ただでさえもう日数が無いのです。行ける場所も東京、大阪がほとんどで、福岡、神戸、名古屋に例外的に行くだけで、全国比例なのに、他の地方にはまるで行けない。とても病院に寄る暇は無い。

しかし清水秘書が工夫をしてくれて、ついに一度だけ、短く病院に行きました。淳心学院中・高等学校の同級生、桃井活果くんの親戚の優しいお医者さまです。

健康保険を使うと、交通事故扱いの治療となって選挙カーを運転してくれていたタクシー運転手さんに迷惑が掛かると考えて、自費で治療を受けました。

この病院の廊下の固い長椅子で、横になっているときがいちばん辛かったかも知れません。

お医者さまが首のために大きなコルセットを渡してくれました。あのベージュ色の、夏の選挙の汗にまみれたコルセットが無ければ、おそらく選挙を続けられなかったと思います。

痛みが、ほんのわずかですが和らぎます。6月下旬から7月上旬への選挙は狂うように暑くて、思わずコルセットを外すと、ほぼ一瞬で目の前が真っ赤になるぐらいに痛みます。

そのコルセットに顎を乗せて街を歩いて演説していると、若いご夫婦が「青山さん、テレビで視るより太ったのでは？　だって顎が二重になってる」と仰るのです。

再び、わはは。

コルセットで首を締め付けると、顎が二重になっているように見えるのですね。まさか選挙カーで事故とは誰も思わないので、あんな大きな分厚いコルセットが日に入らないのです。にんげんの眼は面白いなと思いました。

コルセット付きで遊説していると、拉致被害者でわたしと神戸の幼稚園の同窓生、有本恵子さんのお父さん、有本明弘さんが応援に来てくださったり、いつのまにか学生ボランティアが集まってくれていたり、東京では、ジャーナリストの須田慎一郎さんが突然に現れて一緒に歩いてくれたり、忘れがたいことが次々に起きます。

卒業した淳心学院中高等学校は、関西の姫路市にあり、関西で遊説するときは、山下憲一くんや河田克之くん、菊井豊くんら沢山の同級生が駆けつけてくれました。

そして何よりも、わたしの初めての選挙演説を聴いてくださるみんなの、ひとりひとりの眼のあの輝き、若い人から高齢者、男性も女性も、とにかくありとあらゆる日本人が自然に集まって、「自由民主党と日本をなかから叩き直す」という演説を、こゝろの底から集中する表情で聴いてくださいました。

わたしは『これは当選してしまうな』と考えました。

安倍総理や世耕副長官や、それにわたしが実は根拠なく「当選する」と思っていたことが初めて、具体的に姿を現したのです。

世耕さんによると、当時の茂木敏充・自由民主党選挙対策委員長（のちに幹事長）はアンカーを知らず、わたしを突然、公認することに反対なさったそうです。

無理もないと思います。

それを安倍総理と世耕副長官が説得なさったのでした。

『当選してしまうな』と考えたわたしは、予《かね》てから決めていた通り、独立総合研究所の社長を辞め、首席研究員も辞め、創業者株も全株、手放すことを実行しました。ゼロ円です(現在の独研の株式は立派な値段がついているそうです)。

わたしは任期6年の1期限りで国会議員は辞めようと考えても居たので、それも遊説で話しました。

そして7月10日の投開票日を迎えました。

わたしは宿泊先のホテルで、一気に走ってきた疲れが出て寝てしまい、２０１６年7月10日夜8時からの開票の瞬間を見ていません。

8時の開票と同時、開票率ゼロパーセントで、ＮＨＫも民放も、わたしの古巣の共同通信も一斉に、わたしに当確（当選確実）を打ったそうです。あとから知りました。

すでに記者からは「世論調査の結果が凄い。断トツで1位です」と聞いていました。さらに期日前投票と当日の投票の出口調査でも「2位を遥かに引き離して1位です」と記者が教えてくれました。これは、自由民主党の全国比例候補のなかで首位ということです。

安倍総理が真っ先に、わたしの名前に赤いバラをつけるのが全国に放送されたとのことでした。

最終結果は2位、48万1890票でした。

自由民主党の全国比例は、郵便局の組織候補が1位、わたしよりも4万票、多かったのです。

わたしは知り合いの記者と電話で「郵便局の組織候補に入れるひとは、やはり、世論調査や出口調査でほんとうのことを言わないんだね〜」と話しました。

みずからの意思ではない投票、という含みがあるのでしょうか。

わたし自身は、前に述べたように順位には関心がなく、48万人以上の利害関係のない日本人が投票してくださったことに、胸深く打たれました。

当確が出たあと、最終結果が定まるずっと前に、ホテルから起き出して、選挙事務所に向かいました。記者会見をしてくれという要請がマスメディアから沢山、来ていたからです。

わたしの選挙事務所には、ふつうどんな候補、どんな党でもあるべきものが何もありません。

「必勝」と書いた他の議員からの為書き、どこの選挙事務所でも壁では足りず、天井にまで張り巡らせてあります。

わたしはすべて、安倍総理のも世耕さんのもその他も全部、お断りしていました。だるまも無し、花束の用意も無し、あるのは神棚と、日章旗だけです。殺風景でガランとしています。

そもそも当選したときに万歳するのはオカシイと考えていました。

それではまるで、自分のために出馬したかのようです。

選挙中も、たすき無し、「必勝」の鉢巻きも無し。白い手袋も無し。

ただ、神戸で商店街を練り歩いているとき、おばあさまが「アンタ、青山さんやろ。これ、何のテレビ」と聞いてこられたので「いや、テレビじゃなくて選挙に出てるんですよ」と答えても、「選挙やったら、たすき掛けてるはずや。嘘や。ほんまは何のテレビや」と仰るので、やむを得ず、そこからたすきだけは掛けることにしたのでした。

話を戻して、当確を受けて、選挙事務所に行くと、凄い数の記者とカメラマンとテレビカメラが狭い室内にぎっしりです。

そしてカメラマンから口々に「万歳してくださいよ。絵にならないじゃないか」と要求されました。

わたしは「主権者みんなのために国会に行くので、仕事の本番はこれからです。自分が勝ったのではなく、主権者の選択が示されたのですね。万歳するのは違うと思います」と静かに述べました。

すると要求も次第に静かになったのですが、今度はまるでお通夜みたいです。

そこで「お通夜みたいですね」とこちらから申したのですが、この時以来、マスメディアはわたしという国会議員はこの世に居ないことにすると決心なさったのかも知れませんね。

世耕副長官から電話があり、お祝いの言葉はほとんど無く、「郵便局だけには勝って欲しかった」と仰いました。

わたしはこのとき、あぁ、世耕さんや安倍さんがわたしに選挙に出てくれと仰った、その志は本物だったと感じました。

世耕さんの票読みよりも、18万票ぐらい多かったのですが、それを讃《たた》える言葉はなく、郵便局の組織選挙という既得権益には勝って欲しかったという言葉は、健全です。

当選したあと、当時の著名な言論人が「ほんとうは自分が安倍総理に参院選出馬を要請された。それを断ったので、青山のところに、やむを得ず行っただけ」という趣旨をその著書に書かれました。

世耕さんは「これは酷い嘘だ。しかし安倍総理以外にも私という証人が居ますよね」と仰いました。わたしは内心で『一種のジェラシーなのか、何なのか。なんでこんなことを仰るのかなぁ』と、ちょっと哀しく感じました。

赤いバラをつけてくれた安倍さんには、電話しませんでした。

当選して議員になった以上は、当選1回生と現職総理です。

淡交の友という意識は、こゝろの奥で変わらなくても、国会と党ではわきまえて謙虚にすべきと考えたからです。

当選から19日後の2016年7月29日金曜、総理官邸で安倍総理とお会いしました。今度は、夕方5時55分に、官邸の正門で今井尚哉《いまいたかや》総理政務秘書官と待ち合わせ、案内していただきました。わたしはすでに議員の公務が始まっていました。

総理の執務室では、その今井秘書官も席を外され、SPも室外で護られ、総理とふたり切りになりました。

安倍総理には「当選した以上はあなたは1回生議員だからね」という変化は皆無でした。

これまでと何も変わらないということが、すぐに分かりました。

わたしは安倍総理に「派閥や準派閥には入りません。安倍派にも入りません」と話し、

「献金もどなたからも受けとりません。パーティもやりません。支持団体もすべてお断りします。後援会をつくらず後援会長も置きません。地元もつくらないのです」とお伝えしました。

安倍さんは「分かりました」と短く、応えてくださいました。うん、分かってたよ、というお顔でした。変な言い方ですが、なんとなく幸せそうな表情にみえました。

わたしに主権者が投じてくださった票によって、投票の少ない自由民主党候補が当選圏内に引き入れられることは、実際に起きました。

そのために自由民主党は参議院で、単独過半数を確保したのです。

公明党の意向を過剰に考えずに、憲法9条の改正へ踏み出す土台がいったんは出来たのです。

安倍総理、世耕副長官がわたしを説得した、いの一番の目的が果たされました。

しかしこの土台は、早くも3年後に崩れます。

西暦2019年7月の次の参院選、わたしの6年の任期の半分のときに自由民主党は9議席を減らして、単独過半数を割り込んでしまいました。

二十九の壺

議員となって最初に安倍総理と議論したのは、消費税です。

安倍総理と消費税でぶつかるのは、民間の専門家時代から続いていました。

再登板後の安倍総理は、西暦２０１２年の年末に就任し、翌年２０１３年10月に、民主党政権当時の野田総理との合意にも基づいて「消費税を５％から８％へ引き上げる」と明言されました。

わたしはすぐに安倍総理に電話して「資本主義はテクノロジーで変化していますが、個人消費が中心であることに変わりはありません。個人の購買力を高めねばなりません。消費増税には反対です。デフレーションから脱却できなくなります」と申しました。

安倍さんは「うん、うん」とちょっと嫌そうにお聞きになり、「だけどさ、野党との合意もあるからさ」と仰いました。

そしてその翌年２０１４年４月に、消費税を８％に引き上げました。

わたしは安倍総理に電話で「この先、二桁の10％にすることだけは決してやらないでください」と強く申しました。

安倍さんはまた、「うん、うん」と生返事です。

「総理、たとえば985円という半端な値段のものがあったとします。8％の消費税なら、賢い日本人でもすぐには消費税額が出てこない。しかし10％、1割の消費税となったら誰でも、あ、98・5円の税金、100円近い税金を取られるのかと分かって、買い渋りが起きます。単なる2％の引き上げじゃない。二桁にすると、決定的に違うんです。やめてくださいませんか」と重ねて求めると、「それはそうだね」という返事でした。

この「消費税10％」は、2015年10月に予定するといったん決まってしまっていましたが、安倍総理はメディアに2014年6月、「やっと摑んだ（デフレ脱却の）チャンスを逃してしまうかもしれないなら、引き上げはできない」と発言されました。

わたしは「消費増税は少なくとも延期です。しかしほんとうは、二桁にしないために増税中止です」と、しつこく電話し続けました。

安倍総理は、再増税の延期を表明して2014年11月に衆院を解散し、12月総選挙で圧勝しました。

これで消費増税は延期され、さらに再延期もあるのですが、「中止」とはならないまま、わたしは2016年7月に政権党の議員となりました。

なってすぐ、民間の専門家時代と同じ電話を、安倍総理にかけ続けました。

安倍総理は２０１７年９月、衆議院を再び解散するときに「消費税の使い道を、社会保障費に変える」と表明されました。

わたしはすぐに電話し、議員として申しあげました。

「総理、消費税を目的税にすること自体が間違っています。かつて竹下総理は、消費税を初めて導入するとき、総理番だったわたしに深夜の総理私邸で『消費税を入れるのは所得税が高すぎるといずれ日本人が働かなくなるからだよ。所得税という直接税を下げられるように間接税の消費税を入れるんだ』と仰っていました。その消費税を社会保障費に充てる目的税にしたら、身動きが取れなくなって、消費税率を下げられなくなります」

安倍総理は、わたしの長めの話をちゃんと聴かれた上で、「しかしさ、安倍政権の社会保障制度はさ、全世代型へ転換するんだよ。子育て世代への強力な投資にするんだ。そのために消費税の使い道を変えるんだからさ」と珍しく不機嫌な口調で反論されました。

この２０１７年2月から、朝日新聞の報道をきっかけに「森友学園問題」が国会で追及され始めました。

安倍総理は衆議院の予算委員会で、憤激の表情も露わにこう答弁されました。

「私や妻がこの（森友学園の小学校の）認可あるいは（小学校の用地としての）国有地払い下げに、もちろん事務所も含めて、一切、関わっていないということは明確にさせていただきたいと思います。もし関わっていたのであれば、これはもう私は総理大臣を辞めるということでありますから、それははっきりと申し上げたい、このように思います」

同じ２０１７年の３月には、今度は、わたしが席に着いている参議院の予算委員会で、安倍総理は「加計《かけ》学園問題」を追及され始めました。

総理の友人が率いる加計学園が、傘下の岡山理科大学の獣医学部を愛媛県今治市《いまばりし》に新設するとき、安倍総理が便宜を図ったのでは無いかという理屈です。

総理だけではなく、財務省も答弁の矢面に立っていたのですが、わたしは安倍総理が傷つけられることによって、消費税をめぐる安倍総理と財務省の水面下深くの暗闘で、財務省が実は有利になることを痛感していました。

２０１７年７月、安倍総理から、この加計学園の問題について参院予算委員会で質問に立ってくれないかと要請がありました。質問内容への頼みごとなどは一切ありません。わたしの自由意思に任されていました。

すると財務省の局長クラスが議員会館の青山繁晴事務所にやって来て、Ａ４の一枚紙をわたしに渡すのです。見ると「青山先生の質問イメージ」と題して、実際には「イメージ」どころか、質問項目がずらずら並べてあります。

わたしは「何ですか、これは。他の議員は財務省にこんなものを渡されてそのまま質問してるんですか」と言って突き返しました。

そしておのれで考えたのは、当事者証言の発掘です。

問題が起きた当時に愛媛県知事だった加戸守行《かともりゆき》さんに参考人でお出でいただこうと決めました。

加戸・元知事が「加計学園問題は話が逆だ」とローカルの地元紙の取材にお答えになっていることを把握したからです。

しかし予算委員会の前にお会いすることは、しませんでした。わたしと調整や談合は一切せずに、当事者として生の証言をフェアに頂こうと決心していたからです。

もちろんリスクはあります。

しかし安倍総理から干渉はなく、財務省の干渉は跳ね返し、ふつうなら国対（国会対策委員会）から質問内容の確認も入るところが総理から要請があった質問ですからそれもなく、ひとりで考えひとりで決する質問となっていました。

だからリスクよりもフェアネス、公正さを重視しました。

森友学園問題と合わせて、この「モリカケ」では、マスメディアを筆頭に世の中がアンフェアな色に染まっていたからこそ、フェアに行くことを大切に考えたのです。

そして当日、加戸さんを初めて見ました。

すると首にグレーのマフラーのようなものを巻かれていて、わたしは『あっ。そのままでは国会規則で退場になってしまう』と懸念しました。

しかしすぐ、それは高齢の加戸さんの喉を守るもので、許可を得ていると知ってホッとしたのです。

わたしのぶっつけ本番の質問に答えた加戸さんの証言は強烈でした。

「獣医師会からおカネをもらっていた政治家ふたりこそ問題だ。安倍総理は、家畜伝染病への対策に道を拓いて救ってくれた。話が逆になっている」というのが証言の中心です。

「愛媛県から豊後水道《ぶんごすいどう》を挟んだ隣の九州の宮崎県で口蹄疫《こうていえき》が荒れ狂い、愛媛県でも獣医の態勢を強化しようと決めました。それで加計学園の岡山理大の獣医学部を愛媛県今治市に誘致しようとしたら、獣医をこれ以上、増やしたくない獣医師会や、そこから献金をもらった大臣らが壁になる。安倍総理はそれを打ち破ってくれた」

これが主旨です。マスメディアのそれまでの大々的な報道と真逆の、事実暴露でした。ところがあろうことか、ほとんどのメディアがこの国会審議を無視し、報道せず、国民から隠したのです。

この審議は、野党側の要求で開かれた「閉会中審査」です。つまり国会が閉じたあとに、加計学園という重大問題があるとして野党が要求し、自由民主党が呑まざるを得なくて開いた予算委員会でした。

公共放送というNHKを筆頭にマスメディアは「安倍をとことん追い込める」と期待して大報道陣を敷いていたのです。

ところが加戸証言が飛び出した。

わたしはまさか、いくら何でも国会審議を無かったことにするとは、さすがに予想していませんでした。

しかし、ニュースとして報じられず、それどころか、予算委員会では必ず通信社から配信されて新聞にも載る「質疑の要旨」も、この部分だけ省かれる。

NHKは生中継していたから、それは画面を真っ暗にしたり放送を中断するわけにはもちろんいかなかったけれど、夜のニュースでは無視しました。

予算委員会室の参考人席には、安倍総理を批判する前川喜平・元文科省事務次官と、元文科省官房長でもある加戸守行・元愛媛県知事が並んで座りました。

加戸さんが、文科省キャリア官僚の後輩である隣の前川さんの発言を批判して前川さんが反論せずうつむくという印象的な場面もあったのに、加戸さんだけを居ないがごとくに扱ったのです。

真昼の暗黒です。

加戸さんはのちに「歪められた行政が、安倍総理によって正されたのが事実。それを公開の国会審議で公の当事者として明らかにしても報道しない」と批判し、「報道しない自由が行使された」と憤激されました。

わたしは当時、初当選からちょうど1年、すでにマスメディアが「青山繁晴はこの世に居ない議員」として扱うことに慣れていました。

居ないことにするのは、自由民主党の派閥に支配された国対も同じで、わたしを予算委員会の質問に起用しないのです。このときだけは、安倍総理の要請による例外でした。

加戸さんは、愛媛県知事になる前は、前述したように前川さんの先輩として文科省の官房長でした。

わたしの国会質問に答えて、「私も霞が関で30数年、生活しました。私の知る限り今まで、メディア批判をして勝った官僚、政治家は誰一人いないだろうと思っています。ここで何を申し上げても詮ないことかなと感じています」「(マスメディアが世論誘導するためには）報道しない自由があるのも有力な手段、印象操作も有力な手段。マスコミ自体が謙虚に受け止めていただくしかない」と仰いました。

加戸さんは、この2年半後に亡くなりました。ある種の憤死ではなかったかと、わたしはその勇気と見識を畏敬を込めて思い出しつつ、考えるのです。

このとき加戸さんが獣医師会の献金を指摘なさった大臣は、その後もマスメディアに「世論調査で最有力の総理候補」として持ち上げられ続け、2024年9月の総裁選に向けても、その扱いです。

この政治家はわたしの知友です。わたしはどなたであれ、何があっても友情を変えません。ただし、この時の事実を2024年の総裁選でもマスメディアが無かったことのように扱っているのはアンフェアです。

この国会審議のあと、安倍総理が深く信頼なさっていた情報当局者はわたしに「(マスメディアがどういう姿勢であれ）あの国会審議のおかげで、あまりにも酷い、事実に反する報道や野党の追及は今後、起きなくなるでしょう。総理はたいへんに感謝されています」と仰いました。

それを聞きながら、わたしは内心で暗澹《あんたん》たる気持ちでした。

民主主義の暗黒とは、独裁主義のそれよりもっと陰湿で根が深く、主権者のみなさんへの罪も深いことを実感したからです。

記者出身者として、これが日本のマスメディアの自殺であり、民主主義社会で大切な、公正にして自由な報道がみずから命脈を絶っていくであろうこと、その代わりに、ネットを利用した〝disguised information〟が跳梁跋扈（ちょうりょうばっこ）していくだろうことを予感していました。

disguised infomation とはわたしの造語です。国際共通語によって国際社会にも問題を提起しています。「変装した情報」です。

フェイクニュースよりも、もっと深刻で「事実に巧妙に変装させた偽情報」ですね。

２０２４年夏現在、その悪い予感が当たっていることを日々、痛感しています。

さて、この国会審議とそれの無視ということがあった２０１７年に戻ると、わたしは前述の情報当局者の感謝の言葉を聞きつつ、もうひとつのことを確信していました。

『結局は、勝者は財務省だ。安倍総理がモリカケでイメージダウンしたことを利用して、消費税の再増税に踏み切らせるだろう』

そしてその通り、２０１９年10月、ついに消費税は初めての二桁である10％に、安倍総理の手で引き上げられました。

わたしは諦めませんでした。

「最低限、８％への引き下げに踏み切ってください。アベノミクスの効果を相殺して、デフレの脱却が遅れているのは消費増税のマイナス効果です。財務省が消費税を上げても景気は大丈夫だと総理に言ったんでしょう？　それは嘘じゃないですか」と迫りました。

すると安倍総理は「そうなんだよ。景気は確かに落ち込んだ。財務省はもっと当てになると思っていたんだけどな。違うんだよね、話が」と仰います。

わたしは何度も何度も、自宅から夜、安倍総理の携帯に電話を掛けます。

他の案件でも山のように安倍総理と電話で、対話と議論を交わしましたが、多くの電話の最後に必ずわたしは「総理、消費税の引き下げです」と申しあげるのです。

ふつう「それはもう聞いたよ」とか「いくら何でも繰り返しが過ぎるじゃないか」と言われると思うのですが、安倍総理はただの一度もそれを言わず、毎回、「うん」と返事をされます。

この「うん」は何か。どういうニュアンスか。

総理のひとことを、都合良く解釈することは絶対にいけません。

しかし否定的な「うん」に聞こえたことは一度もありません。もちろん、何の言質《げんち》も取らせてくれないですが、消費税と、財務省の本質への見方が、わたしと通底していることが伝わる感覚がありました。

ただし総理も4回に1回ぐらいの割合で「しかしさ、社会保障費なんだから、もう消費税は」と反論されます。これもいつも同じ反論です。

わたしは総理への電話で、「ちょっと、釈迦に説法を承知で、長めの話をしてもいいですか」とお聞きしました。

安倍総理は「もちろん」と即答されたので、こう述べました。

「消費増税問題の根幹は、財務省が悪いとか、そういう問題ではなく、総理とわたし自身も含めた国会議員の問題です。ＧＨＱが、日本が甦らないように残した仕掛けは、憲法9条以外にも、沢山あります。財閥の解体や教育基本法もそうですね。しかし双璧は、9条と、財政法です。財政法の4条は、ほんとうは日本だけに戦時国債を禁じているのですが、日本が戦争を起こさない今は、赤字国債は駄目、という趣旨だけが生きています」

「うん」

「敗戦の時の日本の人口は、7千数百万人ですから、4千万人ぐらい増えています。増えれば税収も増えるけど、総理が仰る社会保障費をはじめ歳出はもっと増える。ところがその赤字を補う国債の発行は財政法4条で禁じられている。だから財務官僚は増税を考えるしか無くなる。憲法も財政法もまったく改正しない、わたしたち立法府の問題です。議院内閣制ですから、内閣の問題でもあります」

安倍総理は、けっこう大きな声で「その通りなんだよ。だから青山さんにも国会に来てもらったんだよ」とこれも即答されました。

そしてついに、2020年の4月頃、すなわち予算審議が終わった時期に「8%への引き下げね、これは考えてみようか。その分、確実に税収が増えるからね」と仰いました。

わたしは「総理、それをわたしだけではなく、国会答弁を含め、国民に仰ってください」と喉まで出そうになりましたが、急いては事をし損じると思いとどまりました。

するとそれから4か月後に、まさかの再辞任となったのでした。

安倍総理は二度目も、潰瘍性大腸炎を理由にされました。

一度目の辞任は、潰瘍性大腸炎の悪化も確かにありましたが、別の深い要因、自由民主党内部の親中派、親韓派、親北朝鮮派との暗闘と敗北があったことを、この書で、先に記しました。

二度目も、同じく潰瘍性大腸炎の悪化がありました。安倍総理は歩き方もおかしくなり、それに気づいた若い女性記者がわたしに「また辞めるんですか」と聞いてきました。しかし、ほんとうの辞任理由は今回も別にあったのです。

ただし今度は暗闘の相手がまったく違います。

参院予算委員会で共産党の女性議員が、安倍総理の主催した「桜を見る会」を初めて取りあげて質問するのを、わたしは予算委の席で聴き、悪い予感が胸を突きました。

問題はその前夜祭です。総理の選挙区の後援会を招いて高級ホテルで開かれました。参加費の一部でも安倍事務所が負担すれば公選法違反の疑いが生じます。政治資金規正法に触れる可能性もあります。

安倍総理に電話してみると、「共産党だからね」と仰いました。

追及のための追及だよ、青山さん、心配いらないよ……というニュアンスでした。わたしは、安倍さんにとっては冤罪だったモリカケよりこれが政権の命取りになると懸念しました。

総理は、用意された会場で挨拶なさっただけで会計、運営などご存じない。ところが捜査当局は「総理の犯罪」とはならないと知りつつ、現職総理を任意ながら事情聴取するという野心で盛りあがっていると聞きました。

最初はそれを知らず、病気なら辞任ではなく休養すべきと考えて、そう申しあげようとしました。しかし捜査当局の意図を聞いて「元総理なら事情聴取されてもさして問題になりません。しかし現職なら、大問題にされます」と申しました。あえて辞任し、もしも天と主権者が求めれば三度目の登板を目指しましょうという提案です。

安倍総理も「(内閣と党の)人事をやる前に決断しないとね」と仰いました。

第1次安倍政権で所信表明演説のあと代表質問を受けずに辞めるという半端なことになった自省が、背景にあったと考えます。

三十の壺

さて、時は、わたしの初当選直後に戻ります。

生まれて初めて、本会議場の議席に座りました。

本会議場そのものは、衆参両院とも良く知っています。当たり前ですね。政治記者でしたから。

しかし、本会議の開会中は、記者が議席のあるフロアに入ることはまったく許されません。議席を囲むように上階に造られている記者・カメラマン席から、下を覗き込むだけです。

思いがけず、議員という当事者になり、議席について、青山繁晴と丁寧に白文字で名が書かれた木札を立てました。こうすると出席となります。

ふと左横を見ると、見覚えのある人がやはり木札を立てようとしています。名は、山田宏さん。

付き合いはありません。わたしはテレビや新聞で顔を見たのでしょう。元は東京都杉並区長であり、それに新党の党首を務めておられました。

山田さんもこちらを見ています。

どうも、わたしのことをご存じらしいと思いました。

議事が始まる前に、自然に会話となりました。時候のあいさつはありません。いきなり、日本の今をどう見ているか、これからの日本をどうするかという話になりました。それでいて、別に堅苦しくないのです。不思議な人です。特に質問上手という感じではないのだけれど、さらりと聞かれたことに、考えのままに答えていると何気なく国家論や歴史論、政策論になっている。

それにこの年はアメリカの大統領選挙の年です。

7月10日の参院選のあと、8月1日に短い臨時国会があり、参議院の議長と副議長の選挙や議席指定がありました。

そして9月26日から12月17日まで本格的な臨時国会が開かれ、アベノミクスに基づく補正予算などが審議されました。

この途中の11月8日（アメリカ東部時間）にトランプさんが大統領に当選しました。

投票日が近づくにつれ、山田さんから「どっちが勝ちそうか」と何度か問われました。

わたしは早い段階、すなわちヒラリー候補に楽勝の見方すらあったときにラジオ大阪の生放送で「トランプ候補に勝機がある」と話しました。自慢話じゃないのです。逆の失敗談です。

問題はその後なのでした。大統領選の開票が始まってから、投票数ではヒラリーさんがかなり多いという確実な、米国の情報がありましたから、山田さんに「ヒラリー大統領で決着しそうです」と答えてしまいました。

実際には、みなさんのご記憶の通りです。

トランプさんはヒラリーさんに実に300万票に迫る大差（286万票差）をつけられました。しかし、アメリカ大統領選に特有の「選挙人」という制度でトランプさんが獲得した選挙人の数で上回って、トランプ大統領の誕生となりました。

山田宏さんに『あれ？ 青山さんも間違うんだ』という表情が浮かんだのを覚えています。

本会議場の議席というのは、まるで生徒のクラス替えのように、国会ごとに変わります。あいうえお順です。ですから青山の「あ」と山田の「や」、最初と最後がぐるっと回ってたまたま隣同士になったようです。

そのあと何度も「席替え」がありましたが、このように最初と最後が隣というのはこの時だけです。何でも運命論にするのは良いことではありません。ただ、ご縁があったと言えば、それは間違いなくそうでしょう。

こうして本会議で会うたびにすこし話しているうち、山田さんから、焼き鳥屋に行こうという話になりました。

即、行きましょうと答えましたが……これがふつうに「呑みに行こう」という話では無かった。

山田さんはいろんな美味しいお店に詳しいです。この焼き鳥屋は六本木の細い路地にある「燃」という店です。てっきり「ねん」かと思ったら「もえ」と読むのだそうです。

この面白い読み方と同じくらい、ご亭主も面白い。

山田宏さんは、この焼き鳥屋を「会場」にして「青山繁晴先生を囲む焼き鳥会議」と名付けた勉強会を開くというのです。

わたしは仰天しました。

山田さんは、ここに何人かの国会議員を集めて、わたしの話をみんなで聴くと仰るのですが、そんな僭越な名前の勉強会ではわたしは出席できません。

そもそも山田さんは、東京の杉並区長として行政経験もあり、日本創新党の党首という一国一城の主でもありました。提案はお受けするにしても、名称からわたしの名前を外して「焼き鳥会議」にしましょうと言ったら、山田さんらしくあっさりと、それはそれでもいいですよ、ということです。

わたしはそれだけでは悪いと思って、別の名前を考えました。

吉田松陰師が、その獄中から高杉晋作さんに送った手紙のなかに、以下のひとことがあります。

「死して不朽の見込みあらばいつでも死ぬべし。生きて大業の見込みあらばいつでも生くべし」

ここから採って「不朽焼き鳥会議」としました。山田宏さんはこれもすんなり認めてくれたのですが、この変な名称が定着する前に、焼き鳥会議はどんどん人数が増えていきます。

もう元の個室では入りきれなくなって、ご亭主が路地の向かい側の別室を用意してくれました。

そこで、すべて自由民主党の衆参両院議員である参加者とにぎやかに話していると、安倍総理の実の弟さんである岸信夫さんが、ひときわ大きな身体を丸めるように入って来られました。

信夫さんは、晋三さんの父母、すなわち安倍晋太郎さんと洋子さんから生まれた末弟です。

赤ちゃんのときに洋子さんの兄、岸信和さんの家庭へ養子に入って岸姓なのです。

自由民主党の議員なら誰が来てもいいのが焼き鳥会議ですが、美酒も手伝って思わず、岸さんに「安倍総理に様子を見てこいと言われたんですか」と聞いてしまいました。

人柄がほんとうに穏やかな岸さんは、柔らかな微笑を浮かべて「はい」と仰いました。

翌日の夜、安倍総理に電話で「信夫さんは、スパイ活動ですか」とこれもストレートに聞きました。そのときは素面《しらふ》です。

安倍総理は「そうだよ」。さらりと仰いました。「青山さんとみんな、なんかワイワイやってるんだね～」

スパイ活動はもちろん、ジョークです。

同時に、焼き鳥会議に安倍派の議員も、他派閥の議員もどんどん集まっていると、どこからか聞かれて、信夫さんに「ちょっと見てきてくれ」と仰ったのでしょう。

さすが安倍さんです。

焼き鳥会議はもはや、別室でも人数が焼き鳥屋に入り切らなくなってしまいました。

わたしは山田宏さんに「焼き鳥会議を、旧来の派閥とはまったく違う議員集団にしませんか。カネが動かず、地位の割り当てもせず、自由民主党がタブーにしてきた課題、それも根本問題に真正面から向かい合う集団です」と提案しました。

山田宏さんは度量が大きく、これもＯＫ。

そこで衆議院から、爽やかな人柄の鬼木誠代議士（福岡）に声を掛けて3人で、これは焼き鳥屋ではなくお寿司を食べました。チェーン店のカウンターです。

その寿司屋で「よおし、タブー突破をやろう」と一致しました。

わたしは、その議員集団の名前として「護る会」を提案しました。

これは略称で、正式名称が「日本の尊厳と国益を護る会」です。

英文名は一度変更があって、現在は The Guardians to Dignity and National Interest of Japan (GDI) です。

旧来の自由民主党とその内閣のままだと、人間にも国家にもいちばん大切な尊厳が喪われ、国益も損なわれていくから、新しい議員集団がまつりごと（政）を動かし、尊厳と国益を取り戻して護る、そういう意味です。

そして部会での発言ぶりから、長尾敬代議士（大阪）に声を掛けて、これで4人です。

山田さんが「ひとり、冷静な奴が欲しい」と言うので、わたしが、外交部会や国防部会での言動から高木啓代議士（東京）を提案して、高木さんとも呑み、加わっていただくことで合意しました。

さらに参議院の全国比例の山谷えり子議員と、石川昭政代議士（茨城）に参画してもらって、この7人で「執行部会」をつくることになりました。

そして、この初期の護る会に参加された衆参両院議員を全員、幹事として、幹事互選で不肖わたしが代表幹事となり、山田さんが幹事長、鬼木さんと長尾さんが副代表、高木さんが事務局長、山谷さんと石川さんのおふたりが常任幹事に選任されました。

わたしはのちに代表幹事から、代表というシンプルな役職名となりました。

護る会の正式な発足は、西暦2019年、令和元年の6月12日付です。

発足以来、組織としては一度も勧誘活動を行っていません。

部会などで一緒になる議員で、注目すべき発言をなさるかたに個人的に声を掛けることはあります。

しかし派閥のように組織として引っ張ったり、またおカネ、政治資金の供給と地位の割り当てという魅力で入会を勧誘することは一切、ありません。

天皇陛下のご存在を父系一系でお護りすること、中国や韓国に土地を奪われない法整備を進めていくこと、カウンター・インテリジェンス法(旧スパイ防止法)を制定すること、この3本柱の政策に共鳴する、自由民主党の現職議員なら「どなたでもどうぞ」という姿勢です。

つまり「この指止まれ」だけです。

それだけで自然にどんどん参加議員が増え、かつ、なぜかひとりの退会者も出さず、創建から5年の2024年、令和6年の年央に100人に達しました。

この護る会が50人を超えた頃だと思います。安倍総理から電話で「あのさ、どうやって集めてるの」と聞かれました。

今度は岸信夫さん経由じゃなくて、直です。

「集めてません」

わたしはありのままに即答しました。

「集めてない……。お金はいくらぐらい使ってるの」

「総理、お金も使ってません」

「使ってないって、どれぐらい使ってないの」

「使っていないんだから、ゼロです」

安倍総理は珍しくしばらく沈黙されました。

護る会は派閥ではありません。

官房副長官から経産大臣を経て参議院自由民主党の幹事長になっていた世耕さんが、

「青山派」と呼ばれたことがありますが、それはあくまで一種のジョークです。

だから安倍総理にとって脅威ではなかったと考えます。

ただ、自由民主党の既成派閥のすべてと、無派閥から議員が広く集まっていますから、これまでの自由民主党の政治的常識とはかけ離れているので、安倍総理でも興味を持つし、ちょい探りを入れてみたくなるのでしょう。「青山派」と、たわむれに呼んでみたりするのも、それだろうと思います。

安倍さんは、二度目の内閣総辞職をなさってから、この護る会に入会なさいました。現職総理で居るあいだは、こうした議員集団に入ることはできませんから、総理をお辞めになってからです。

ただし、安倍さんは特別会員です。

そりゃ、元総理だから特別会員だと思うでしょう?

それが違うのです。特別会員なのは、内閣総理大臣の経験者だからではありませぬ。

わたしは安倍さんに、月に２００円の会費を払ってくださるようお願いしました。

護る会は、旧来の自由民主党と違って、おカネが動きません。

２００円は、総会や執行部会を開くときのペットボトルの水、お茶を買うためです。

ところが安倍さんは「俺、払わないよ」と仰います。

「なぜですか」

「だってさ」

「だって元総理だから、ということですか」

「そうだよ」

「護る会に、元総理も何もありません。自由民主党の議員連盟の名簿を見ると、どの議連も、その元総理といった方々が、最高顧問という肩書きで頭の上にいっぱい乗っていて、沢山の名誉職のお名前を読み進んでから、やっとほんとうの代表とか会長の名前になります。護る会は、そんなことをしません。安倍元総理は、最高顧問ではなく、ひとりの会員になっていただきます」

「それ、いいね。しかしさ、俺が護る会だけ、200円を払ってふつうの会員になってると、他の議連から、うちもそうしてくれとか、うちと違うじゃないかとか、言ってくるんだよ」

「なるほど。わかりました。じゃ、払わないでいいです。その代わり、やむを得ず200円を払っていないということをはっきりさせるために、特別会員と致します。総理、それで、よろしいですか」

「うん。特別会員。わかった」

これは、電話の会話、そのままです。

安倍さんとわたしとは、日本を敗戦後の思い込みという頸木《くびき》から解き放そうという歴史観、国家観が一致していました。

しかし安倍総理のやる消費増税にも、のちの『壺』でお話しする習近平国家主席の国賓招聘《しょうへい》にも、強く反対し、意見の重大な違いは多かったのです。

それを、この電話のように、なんとか一致点を探すという間柄でした。

この電話、ちいさなことに見えますが、実はそれなりに意味があります。

自由民主党、この結党からほぼ70年の政党が長年、積み重ねて守ってきた慣習を、直前まで総理だった大政治家と、当時は当選1回のヒラ議員が語らって、壊したのですから。

三十一の壺

先ほど触れた、中国の習近平国家主席の国賓来日をめぐって、安倍総理とわたし、そして護る会とのあいだに何があったか。

この問題はまだ消えていないのです。過去の問題ではありませぬ。棚上げされているだけです。そこも肝心なところです。

安倍総理は、西暦２０１９年６月27日夜、大阪市で習主席と会談しました。翌日から始まるＧ20サミット（20の国と地域の首脳会議）に出席のため、習主席は来日したのでした。

安倍総理は、記者とカメラマンが取材する冒頭で、習主席に通訳を介して「習近平主席と手を携えて日中新時代を切り開いていきたい」と発言し、「来年の桜の咲くころ、習主席を国賓として日本にお迎えしたい。そうして日中関係を次の高みに引き上げたい」と語りかけられました。

習主席はいつもの悠然とした構えで「いいアイデアですね」と、これも通訳を介して短く答えました。

習主席が来日したのは、この6年も前の国家主席の就任から初めてのことでした。

安倍総理の発言は重大です。

Ｇ20のように実務的な来日ではなく、国賓としての来日を、中国のトップに対して正式かつ公然と日本の総理が招聘したのです。

中国に深刻な問題がなければ、隣国の首脳を国賓で招くことは正常な外交です。ところが、その習近平主席の個人独裁が強まる一方の現在の中国では、ウイグル人、チベット人、南モンゴル人の虐殺が伝えられています。

ウイグルにおいては民族抹殺のために女性に不妊手術を施している、大学の学長まで理由なく強制収容施設に閉じ込めている、ウイグルの言葉を禁じて子供たちに中国語を強制しているといった情報も、当事者の証言や隠し撮りの映像を伴って、伝えられています。

チベットでは、平和そのもののチベット仏教の弾圧が止まらず、南モンゴルでも民族抹殺の動きが知られざる深刻さであることも、当事者から語られています。

わたしは日本の国会の施設で、現職議員としてこれらウイグル、チベット、南モンゴルの当事者から直接、重大な被害の詳細を聴き取り調査しています。

中国共産党と中国政府は全面否定しています。

しかしそれなら国際調査団を受け容れて、潔白をフェアに証明すべきですが、それは皆無です。

これらはすべて、習主席の指示によって行われているというのが、国際社会の共通した見方です。

　これだけでも極めて深刻ですが、中国は沖縄県石垣市の尖閣諸島の海を日常的に公然と侵し、邦人を何の説明もなく拘束し、靖國神社をめぐって不当に内政干渉し、日本に対しても異様に圧迫を加えています。

　圧迫はフィリピンやベトナムといった他のアジア諸国に対しても度を越しています。

　そのさなかに安倍総理が習主席を国賓で迎えれば、天皇陛下が会われることになり、中国の問題を、日本が許したかのようなメッセージを安倍政権が世界に発することになります。

　わたしは安倍総理に電話し、「総理、習近平主席の国賓来日は、国とアジアを誤ります」と申しました。

　安倍さんに申しあげた諫言のなかで、いちばん短く、いちばんストレートなひとことだったと思います。

　総理は「いや、これはさ、習近平主席が来日していて、外交儀礼もあるからね」と仰いました。

　わたしは「儀礼なら、国賓までは行かないでしょう」とこれも短く、反論しました。

相手は総理大臣、こちらは1回生議員です。安倍総理は電話を切ってしまう手もあるでしょう。安倍総理はそれはなさらない。

「経済のこともあるしね」

「中国経済に日本が依存すると、中国経済がいずれ行き詰まるときに日本に救いがなくなってしまいます」

総理は何も答えない。しかし電話は切られていません。

「総理、(2012年12月に)再登板が決まったときのランチを覚えておられますか。キャピトルホテル東急の『ORIGAMI』(オリガミ)です」

「ああ、うん」

キャピトルホテル東急は、総理官邸の横の坂を下ったところにあります。「ORIGAMI」というレストランの窓いっぱいに、官邸が間近に見えます。

「あのとき珍しく総理が遅刻してこられました」

安倍総理は黙って聞く気配です。

「遅れて入って来られた総理が、これも珍しく怒っておられて、さっきまで経団連の米倉弘昌会長ともう一件のランチだったんだよと言われて」

「うん」

「その米倉会長が、あなた、再登板するんだったら前の（第一次安倍）政権とは違って中国とは仲良くしなさいと言うんだよ、何を言っているんだと腹が立ってさ、と仰いました」

総理はふたたび、黙して聴いておられます。安倍総理にとってもその記憶が鮮明であることは電話の向こうから伝わってきました。

「あの怒りは、むしろ再登板後の安倍政権の原点ではないでしょうか。あれから6年半、モリカケも含めて山あり谷ありでしたが、よくぞ政権を維持されてきました。政権が続いてきたのは、国政選挙でことごとく勝っているからですが、その土台は、あくまでも経済、アベノミクスです」

「うん」

「総理、アベノミクスは中国経済への依存を意味しません。ここで習主席を国賓で呼ばない方がむしろ、経済にいずれプラスになります。すでに安倍総理が公式に、しかも記者団の前で習主席を国賓招聘してしまったのですから、外交儀礼として撤回はできません。撤回はできないから、招聘を具体化せずに、宙ぶらりんにしておくしかありません。不肖わたしはできないことを提案はしません。実際には、具体化はしないでおいてくださいませんか」

総理は、「それは答えられないよ」と短く、静かに、仰いました。

あぁ、安倍総理はやはりこの電話はいつも聴かれている、盗聴されているということを前提にしないといけないと考えておられるんだな、それにしてはこれまで大胆な話もしてきたと、わたしは考えました。

同時に、この「それは答えられない」には、その盗聴リスクだけではなく、日米関係とはまた別の日中関係の難しさ、深淵《しんえん》を覗き込むような艱難《かんなん》が込められているとも痛感しました。

わたしは「総理、今夜もありがとうございました」と言って、電話を終えました。

やがて政府から「習近平国家主席の国賓来日は来春がめど」という方向が国民に伝えられました。

護る会は、この年の11月13日に記者会見を開き、中国の習近平国家主席を国賓として迎えることに「明確に反対する」という「緊急アピール」を公表しました。

その日の午後5時に、総理官邸を訪ねて、岡田直樹・内閣官房副長官に緊急アピール文を手交し、安倍総理に手渡してもらうよう求めました。岡田副長官はそれを確約され、わたしはあとで、安倍総理に渡っていることを、直に確認しました。

その緊急アピールとは、以下の文面です。

自由・民主主義・法の支配に基づく、
正しい日中関係構築を求める緊急アピール

政府は、日中関係は完全に正常な軌道に戻ったと繰り返し、表明している。来春には、習近平国家主席の訪日も予定されている中、こうした関係改善を印象づけるメッセージは、外交辞令としては理解するものの、真の日中関係を表しているとは言い難い。

例えば、わが国固有の領土である尖閣諸島周辺海域への中国船の度重なる侵入、中国軍機の領空侵犯は日常茶飯事となっている。

また、香港市民の民主的政治行動に対し、強権によって弾圧する姿勢は、自由・民主主義・法の支配という現代社会の普遍的価値に照らして、断じて許されない。

さらに先般、中国側の招聘によって出向いた北大教授が不当に拘束される事件が発生したように、理由もわからず捕らえられ、自由を奪われている邦人は十数人とも言われ、中国において、わが国の尊厳と邦人の基本的人権が尊重されているとは、到底言えない状況が続いている。

このような現状は、日中関係が「正常な軌道」にあるとは言えないことを意味している。

1919年に、日本が世界で初めて国際会議において人種的差別撤廃提案をしてから今年で100年となるが、中国によるチベット・ウイグル・南モンゴルへの人権弾圧が行われ、中国国内で不法不当な臓器移植が疑われるなどの事例が世界中で取り沙汰されている。

日本の尊厳と国益を護る会は、自由・民主主義・法の支配という国際社会の普遍的価値観に基づく正しい日中関係構築のため、これらの問題に関して習主席来日までに中国政府が具体的で明確な対応をとることを求めるよう政府に対し強く要望すると共に、これらの諸懸案に改善がない場合は、習近平国家主席の国賓としての来日に反対する。

令和元年11月13日

日本の尊厳と国益を護る会

護る会はさらに、このおよそ1か月後の12月10日にも総理官邸に入り、習近平国家主席の国賓来日に反対する二度目の決議文を岡田副長官経由で安倍総理に提示しました（次ページにその現物の写真があります）。

これはその年の12月24日に、中国の成都で開かれる第8回「日中韓サミット」のために安倍総理、茂木外相が訪中されるためでした。

明けて２０２０年の２月14日に、安倍総理へ向けて、声明文を提示しました。

この２月14日の声明文では、中国発の感染症を「武漢熱」と表現しました。その武漢熱の終息を見る前に習近平主席が来日すれば世界に対して「武漢熱が終息した」と日本が認めたかのような誤ったメッセージの発信につながりかねないとして、もはや国賓としての来日のみならず、習近平主席の来日そのものに断固反対であることが、その要点です。

さらに５月19日には、安倍総理に対し、習近平主席の来日について武漢熱を理由にした延期ではなく中止するよう求めて、７項目の提言書を提出しました。

1／尖閣諸島への海洋自然調査団の派遣
2／尖閣諸島の海域での米軍との合同演習の実施
3／尖閣諸島魚釣島に船溜《ふなだま》りの整備
4／海上保安庁巡視船の大型化

安倍総理大臣及び茂木外務大臣及び河野防衛大臣の訪中にあたり、

習近平主席国賓招聘についての緊急アピール

わが国は現在、自由・民主主義・法の支配という現代社会の普遍的価値観に基づく、新たな国際秩序をつくる努力をしている。自由で開かれたインド太平洋戦略、TPP・日EU・EPA等の経済連携協定は、いずれもその概念を具体化したものに他ならない。

一方、来春、国家主席の国賓来日が予定されている中国は、尖閣諸島周辺海域で連日侵犯行為を繰り返し、香港、チベット、ウイグル、南モンゴルにおいて人権の弾圧が行われ、10人に及ぶ不当な邦人拘束事案等、わが国をはじめ世界中からの抗議と改善の要求には一切応えていない。そしてこの現状で、わが国は習近平国家主席の国賓としての来日を歓迎できる環境にはないと、憂慮の声は国会・国民の間で日増しに高まっている。

今月には、安倍総理大臣、茂木外務大臣、そして河野防衛大臣の訪中が予定されている。そこで政府におかれては、こうした懸念に真摯に向き合い、中国・習近平国家主席の来日の環境を整えるため、訪中時には前述の懸念事項につき、中国側に速やかな解決を要求すべきである。

これについて充分な改善がない場合は国賓としての来日には反対であり、到底、容認できない。

令和元年12月10日

日本の尊厳と国益を護る会

5／海難救助などを目的とした「魚釣島測候所設置法」の制定
6／中国による領海侵犯行為の海外に向けた映像公開
7／習主席の来日中止

これは、護る会が安倍総理に、その対中姿勢をめぐって波状攻撃を掛けているようにも見えたでしょう。

しかし安倍総理と、護る会代表のわたしのあいだで信頼関係は揺らいではいませんでした。

安倍総理はこの２０２０年の8月に、再び病気を理由に辞任され、内閣総辞職となりました。

元総理となった安倍さんは、しばらく表舞台から姿を消されました。

安倍さんのいわば社会復帰、政界復帰の最初となったのは、護る会の総会だったのです。

護る会は２０２０年10月に、創建1周年の記念総会を開きました。

実際には創建から1年と4か月だったのですが、わたしは安倍さんに電話しました。

この時はまだ、安倍さんは特定の議員集団には参加できない現職総理時代の名残《なごり》で、護る会には加入されていません。

「そろそろ活動を再開される時機です。護る会の記念総会にお出でになりませんか。もしお出でになれば、復活のいわば宣言として、短めの講演をお願いしたいと思います」

最初の電話では、安倍さんは「うん」とは仰りませんでした。「うん」ではなく「うーん」としか言われません。

そこで安倍内閣では未入閣だった岸信夫さんにも協力をお願いして、説得に掛かりました（岸信夫さんが防衛大臣として初入閣したのは、安倍政権のあとの菅内閣）。

そして安倍さんはようやくわたしに「分かった」と仰り、そこで吹っ切れたのか「講演もやるよ」と言われました。

安倍総理が決めた元号「令和」の時代になって2年、その10月27日、国会内で「日本の尊厳と国益を護る会」（護る会）の記念総会が開会となりました。

参加者の最後に安倍元総理がSP（警護官）と共に、辞任前と変わらないスマートなスーツ姿で登場されたとき、多くの護る会議員から強い拍手が起き、どよめきもありました。

二度目の総理退陣から初めて、国会議員の前に姿を現したのでした。

わたしが護る会代表として短く挨拶をし、安倍さんにマイクを渡しました。

そこで決然と語られた言葉は、単なる講演ではありませんでした。安倍さんがその日から2年も経たない夏の日に暗殺された今、祖国と世界への遺言と言うほかありません。

その言葉の最後に安倍さんはこう仰った。

「護る会のみなさんには、どうか自民党の座標軸になっていただくことをお願いいたします」

あれだけ安倍政権の対中姿勢を批判してきた護る会に、「自由民主党の座標軸になってください」と要請される。

2015年4月29日（米国東部時間）、安倍さんのアメリカ合州国連邦議会上下両院合同会議における演説（外務省HPより）

それは安倍晋三というひとの、ほんとうの人望を物語ると共に、暗殺の予感は無くとも、これからの政権党の道を示す決定的な言葉でした。

わたしが記者出身者として記録したものを元に、安倍さんの生の話としてここに再現します。このとき記者もカメラマンも入っていません。わたしたちだけです。

猛烈な拍手がまずあって、安倍さんは総理としてアメリカ合州国連邦議会の上下両院合同会議にて「希望の同盟へ」と題して、再登板から2年半後の西暦２０１５年4月29日（米国東部時間）に歴史的な演説をなさったことにまず触れました。

米国議会で演説するとき、安倍総理の背後には当時のバイデン副大統領が居て、聴き入っています。

この日、２０２０年10月は護る会の議員たちが安倍さんの眼前で聴き入り、安倍さんの横には護る会の山田宏幹事長、高木事務局長、代表のわたしといった役員、そして岸信夫さんがいらっしゃいました。

安倍さんはこう切り出します。

「私が米国議会で演説したとき、どんなことから話し始めたか。それは（先の大戦の終戦のとき）、世界と共に日本はこういう（戦争をしないとの）決意をした……これは、日本のみが（戦争を）やっていたということではなく、国際社会の全体が反省すべきであるという観点です」

「そして、主語を日本から国際社会に変えまして、事変、侵略、戦争、あらゆる武力による威嚇、または行使は国際紛争を解決する手段として使ってはならないということを述べるんですね。

駄目ですよ、ということを述べる。

そしてまた植民地支配から、これは永遠に訣別しなければならないという日本の意志を示す。

世界と共に日本はこういう決意をした。これは先の大戦を振りかえってその反省のもとに我々もそういう決意をしたということを、国際社会と共に決意をしたわけであります。

まさにこれは日本のみがやっていたということではなく、国際社会が反省すべきであるという観点とですね、日本はどういう世界を求めているのかといういわば日本の指針と理想を述べさせていただいたところでございます。

そのあと、まさに普遍的価値を共有する国々と世界の平和と安全を守るために、積極的な役割を果たす積極的平和主義について述べ、高らかに理想と進むべき指針を訴え、結んでいくという形にさせていただいたことでございました」

「それともう一点は、河野談話（宮澤内閣の河野洋平官房長官による、いわゆる「慰安婦」に関する談話）に終止符を打つということでございました。

（護る会幹事長の）山田さんにも、当時は野党で質問をしていただき、その質問に答える形でわれわれは河野談話がどういう経緯でもって形づくられたのかということを政府としてもう一度検証、させていただきました。

まさにこれは事実の探求ではなく外交的な努力だったということを明確にさせていただいたというところでございます。

その後、安倍政権においては村山談話とか河野談話という言葉は一切使っておりません。

(河野洋平氏の子息の）河野太郎も使っていないわけであります」

「もう一点だけ、先ほどスパイ防止法について、青山さんからお話をいただきました。ただ、今は特定秘密保護法ができましたから10年の懲役というものが事実上スパイ活動を行った人にたいしては科すことはできるのでございます。

(護る会が）さらに、それを補うことが必要とお考えであればまた、ご検討いただきたいと思うのでございます」

「拉致問題について先般、滋さん（横田めぐみさんのお父さんの横田滋さん）のお別れの会がございました。１９７７年の11月15日にめぐみさんが拉致をされたのでありますが、１９７７年というのは大変、象徴的な年でありました。

１９７７年の９月19日にですね、久米裕《ゆたか》さんが（能登の）宇出津《うしつ》で拉致をされます。このとき警察はですね、実は平壌の短波放送を傍受をしておりまして、そこで乱数表に則《のっと》ってですね、数字を7854とか言うのを聞いて、実は解読をしていたんです。

それによって金世鎬（キムセホ）を逮捕します。実行犯として金世鎬を実は逮捕したんです。乱数表を押収しています。様々なスパイ活動を行っていた証拠を押収するんですが、しかし当時の日本を支配していた雰囲気のなかで検察は残念ながらこれを立件することを諦め、釈放してしまいます。

金世鎬を釈放してしまう。

今は、実は国際手配をもう一回、安倍政権においてしているわけでありますが、当時は釈放してしまったんです。

もしあの時に毅然とした態度を取っていれば……その約2か月後、その2か月後に横田めぐみさんは11月15日に拉致をされた。

9月19日に金世鎬を逮捕していながら、もしこれを堂々と日本の国家意思を示していたら彼らは拉致の作戦を考え直したかも知れない、こう思います。

もうひとつ象徴的な出来事がありました。

これはその年の9月28日にダッカにおいて日本の赤軍によって日航機がハイジャックされ、そしてハイジャック犯の要求に従って超法規的な措置をしました。

当時、福田赳夫先生が『一人の命は地球よりも重い』という言葉を発して、それが批判されましたが、では他に道があったのか？

能力においても法律上も、日本はそれを武力制圧をして解決するという手段をもたないんですから。

『人命は地球より重い』と言うしか私はなかったんだと思います。

しかしその後ですね、10月13日に、そのあとの1か月後の10月13日にですね、ルフトハンザ機がハイジャックされます。これをドイツは武力制圧をしてハイジャッカー達を殺して救助に成功しました。

明確な違いです。

ある意味では戦後憲法を改正した国と憲法を改正しなかった国のですね、違いもあるんだろうと、こう思うわけであります。

１９７７年は、まさに戦後の日本の姿が典型的にあらわれたのではないかと、こう思うわけでございます。

今申しあげましたように果たしてめぐみさんの拉致を防ぐことができたのではないか。これが私たちの反省ではないのか、こう思うわけでございまして。今後、護る会のみなさんには、そういう問題意識のもとに、どうか自民党の座標軸になっていただくことをお願いいたしましてご挨拶とさせていただきます。ありがとうございました」

このあと、安倍総理は、各議員の質問にかなりの時間を費やし、会の終了までしっかりと答えられました。病の様子は、いささかも無かったのです。

今、紹介した短い講演において安倍さんはまず、先の大戦について「日本だけが悪かった」という敗戦国史観を克服しようと訴えました。

それから、これまでの敗戦国史観に基づく総理談話、官房長官談話を乗り越えるという意思を安倍さんは明示しました。

さらに日本をスパイ活動を阻止できる主権国家にする意思を、護る会と共有していることを明言しています。

特定秘密保護法を安倍政権がつくるとき、国会で参考人の意見を聴くという、重要法案の制定に必要な手続きを踏もうとしました。

その参考人審議の前日か前々日、わたしは秋葉原の電気街にいました。当時、民間の専門家です。何か仕事に必要なもの、たぶん盗聴防止策の関連だったと思うのですが、それのヒントをインテリジェンス（情報当局）に教えてもらって、電気街で探していたのです。

裏通りをひとり歩いているとき、携帯電話に未登録の番号から掛かってきました。こういう時、ふだんは決して電話を取りません。しかしこの日は、何か予感があって、出ました。

するとと総理官邸の関係者、しかし知らない行政官（官僚）からの電話です。

「青山さんに、参考人として国会で証言していただきたい」

わたしは一驚しました。

「えっ。もう目の前じゃないですか。なぜこんな急に電話してくるんですか」

「……実は、誰も受けてくれないのです。特定秘密保護法案に反対する側の人はみんな、すぐに受けてくれたんですが、賛成してくれるはずの人が、誰も彼もお断りになるんです」

「あ〜、なるほど。テレビや新聞で、特定秘密保護法ができたら、もう小説も書けない、映画も作れない、テレビ番組も作れないと言ってるから」

すると行政官の声の調子が変わりました。

憤激の昂《たか》ぶりを懸命に自制する感じです。

「……そうです。特定秘密保護法案で賛成を証言すると、もうテレビに出られない、マスコミに嫌われると、どんな保守系のかたも仰って、受けてくれないんです」

わたしはそれを聴いて即座に、「分かりました。お受けします」と言いました。

ところが、もう受けると言ったのに行政官の話が止まりません。

「困り切って、安倍総理に、いや安倍総理に繋がるかたに相談したんです。そしたら、青山繁晴さんならきっと受けると言われて、電話番号も教えていただいたんです。直前に、急にお電話して、お願いして、誠に申し訳ございません」

ほんとうに申し訳なさそうに仰います。

「いや、申し訳ないと言うべきなのは、その腹の据わってない人たちでしょう。いざとなると保身ですか。大丈夫です。ぼくは有事法制の時なんかも参考人で国会証言をしていますから、特に準備も要りません。時間だけ教えてください。国会に行きます」

こうしてマスメディアの全面批判と、それに引き摺られた世論の猛反発のなか、安倍総理は特定秘密保護法を成立させました。

それだけに安倍総理は、特定秘密保護法に思い入れもありました。

わたしが「護る会の政策の3本柱の1本は、旧スパイ防止法案

民間専門家時代、国会で参考人として証言する

を改善して、それの制定です」と電話で言うと
「しかしさ、特定秘密保護法で大体はカバーできちゃってるんだよね」と仰いました。

ひとつには、保守をふだんは標榜する言論人がみな逃げたことで、スパイ防止法まで踏み込むと、また酷い目に遭うという意識も安倍総理にあると感じていました。

わたしは、あの秋葉原体験からしても、よぉく分かりました。

しかし、安倍さんとこうやっていつも電話で話をしているのは、天が与えたもうた機会として、国益と国民益のために活かさないといけない、胸の裡ではいつもそう考えていましたから、おのれを励まして申しました。

「総理、それは違います。特定秘密保護法は、まさしく事前に特定秘密に指定した情報だけを守る法であって、外国のスパイ活動そのものは取り締まれません。だからスパイ防止法も依然、必要なんです」

安倍総理はちょっと沈黙なさって、「青山さんの言いたいことは分かった」とだけ仰いました。

このやり取りがあって、安倍総理は考えを整理なさって、護る会総会で「(護る会が)さらに(特定秘密保護法を)補うことが必要とお考えであればまた、ご検討いただきた

かつてない新しい議員集団の護る会（日本の尊厳と国益を護る会）の創建1周年会合に、2度目の辞任をしたばかりの安倍元総理が参加された

い」と述べられたのでしょう。

この総会でわたしは、護る会内部の意見を踏まえて、安倍総理に最高顧問の就任を要請しました。

内部の意見というのは、主として閣僚経験者や現職閣僚から「安倍さんを護る会の最高顧問に」という強い要望が出ていたからです。

わたしは「護る会は古い自由民主党の慣習を打破していく」と考えていましたから、最高顧問ではなくひとりの会員に、と思いました。

護る会は当時から、現職閣僚や閣僚経験のある重鎮が10人を超えて居ます。

それでいて代表は、当時は当選1回生、今もわずか当選2回というのが護る会です。

参議院の当選2回までは、自由民主党では年齢と関係なく常に「若手」に分類されて扱われます。

したがって、その「若手」に過ぎない議員のもとにずらり重鎮がいる議員集団というのは、かつてないことです。

それが護る会なのですが、同時に、代表のわたしは謙虚でないといけないと考えていました。

そこで重鎮たちの意見を尊重していったん「最高顧問に」と安倍元総理にお願いしたのです。

安倍さんは「検討する」と答えてくださいました。実は電話で打ち合わせていました。

そしてその後、2021年12月にわたしは「護る会は、総理経験者や長老を最高顧問や顧問にするという、これまでの慣習を採らない」と明言して、そのうえで護る会の議員から「それは諒解しても、総理経験者はやはりそれなりの処遇を」という意見が出るのを尊重して、安倍元総理を「特別会員」とすることになったのです。

それも、ほんとうです。

そしてもうひとつの安倍さんとの愉しいやりとりが、先の『壺』で記した会費をめぐるバトルだったのです。

三十二の壺

安倍政権と中国、自由民主党と中国、その間にほんとうは何があるか。それは日本、アジア、世界にとって重大です。

安倍さんは死してなお、日中のあいだに深淵を遺しています。

安倍さんは大らかです。しかし一方で、鋭く人の本質を洞見《どうけん》する眼を持っていました。

習近平主席と会って、その不安を見抜いていました。わたしには「きっと不安でいっぱいなんだよね」と電話でさらり、仰っただけです。しかし独裁者の不安ほど恐ろしいものはありません。

それでなぜ、不安の独裁者を国賓で招いたのか。

その謎が、前述の「深淵」です。

「安倍総理はリアリストだった」。これは今も、自由民主党内でよく言われることです。外務官僚もよく言います。評論家もこの表現を好みます。

習近平主席の個人独裁下の中国、その危うさ、怖さ、理不尽さを安倍総理が痛感していたからこそ、あえて習近平主席を国賓にしようとした。それは、その通りだと考えます。

しかし、わたしは、すみません、僭越ながら安倍総理に「それはリアリズムではありません」と電話で申しあげました。

なぜか。

習近平主席も、そのもとで自意識を肥大化させた中国共産党も、日本に国賓で招かれたからといって感激せず、感謝もせず、反日の手を緩めることは無いからです。

生まれるのは、日本が中国の無理無体を許容して屈服したという、中国の自意識、そしてアジアと世界の誤解です。

では、安倍総理は「いや、リアルな考え方だよ」と反論なさったか。

それが違うのです。「そうだよね」。わたしとほぼ同じことを考えておられると、その短いひとことで理解しました。

それで、なぜ、国賓で招いたのか。

これと似たことを、アメリカ国務省の知友に問われました。わたしは「アメリカのように若い国にはわかりにくいと思う。日中の二千年史にある深淵だよ」と答えました。実際には「深淵」の部分は〝abyss or depths〟と言いました。

つまりは、安倍さんは国賓で招く以外に、打つ手が無かったのです。

憲法9条のもとでは、日本はもともと中国の軍事拡張主義に、ほぼ何もできません。

聖徳太子の時代も、中国統一を果たした隋に打つ手が無いからあえて、対等な外交を手紙で要求しました。

安倍総理が弱気、聖徳太子が強気というのではありません。日中ほど長いあいだ対峙していると、双方が相手を見切って、打つ手が限られるのです。

それでいてお互いを分かるようで分からない。現在の日中は実は文化に共通項が少ない。両方、お寺があるけれども、実際に歩いてみると中国のお寺はからからに乾き、日本のお寺は湿り潤っている。

だから深淵です。

中国は嘘の国です。鶏を鳳凰といい、蛇を龍といい、白髪が伸びたら三千丈です。三千丈は実におよそ9000メートルになる。人間の髪ですよ。

嘘と言っては失礼なら、誇大妄想の国、もうちょっと穏やかに誇張の国と言ってもいい。

「一衣帯水」という言葉は、中国の歴史書「南史」から出て、中国の要人が日中関係について好んで使います。「ひとすじの帯のように狭い海だけ挟んで近いんだから仲良く」という意味ですが、その意図は「日本は黙って言うことを聞け」ということです。その証拠に、その狭い海に中国は武装船を出して日本の領海をたった今、毎日のように侵しています。

しかし世界の誇張のない現実は、近い国ほど不仲なのです。意外でしょうがスウェーデンと隣のデンマークは知られざる海戦をやり、カナダ人の本音は隣のアメリカが大嫌いです。カナダで映画を視ていると、ひとりの愚鈍なカナダ兵が米軍を混乱に陥れるたび周りのカナダ人がやんやの喝采です。フランスは、嫌いで怖い隣のドイツを封じ込めたいからEUに依存しています。良い悪いではなく、ただの人間の現実です。

日本の要人が、中国の真似をして「一衣帯水だから」と仰るときに、こうした現実観がすっぽり脱けています。

安倍総理は、中国の真の姿を見抜いていました。だから間違いなくリアリストです。現実をご存じです。

ただ対中政策がリアリズムだったかというと、わたしは民間の専門家時代にも国会議員になってからも安倍さんと意見が違います。安倍総理の器の大きさは、その違いを、なんと実は容認されていたということでした。

それが先ほど紹介した「そうだよね」というひとことです。

安倍総理の日本人への最大の貢献は、失敗の値打ちを教えたことです。

第一次安倍政権は実はあれほどの成果を挙げながら、終わりを失敗して、惨めな短期政権のひとつにみえている。

ところが再登板後は、逆に、成果は第一次政権ほど盛り沢山ではないのに、なんと憲政史上最長の政権です。

失敗があってこそ、実りが来る。

安倍晋三さんは身をもって、それを日本人に伝えました。

しかし、わたしの身の程知らずの諫言の中で安倍さんがいちばん嫌がったのは、次の口癖です。

「総理、日本の政権は、長きをもって尊しとせずです」

竹下総理はわたしに「内閣は、いち仕事で変わるのが良い」と言われました。その奥のこゝろは、上に天皇陛下が揺るぎなくいらっしゃるから、ということだったと思います。

わたしは竹下総理よりも遥かに強く、安倍総理を敬愛しています。しかし、この言葉は正しい。

安倍総理は短期政権の失敗から、再登板後は、政権を長く維持することに拘《こだわ》りすぎたと考えています。

失敗こそが尊いと教えてくださったことが、至宝の遺産です。

同時に、その失敗経験に囚われすぎない方がいいのではないでしょうか。

安倍総理は「政治的コストが高いんだよ」が、不肖わたしとの対話、議論では口癖でした。特に、口論に近くなったときは、そうでした。

ある側近はこれを「安倍総理は、想像以上に損得に厳しい」と評していました。

たとえば憲法改正を9条から始めること、たとえば尖閣諸島に公務員を常駐させること、いずれも「政治的コスト」を理由にやりません。

安倍さんが対中政策を考えるときも、これです。だから習主席への国賓の誘いも、対中政策全体の「政治的コスト」を下げようという意図もあったと考えます。

わたしはこの「政治的コストを計算する」という基本動作の大切さを、深く理解します。

それでもなお、わたしなりの考えの中心にあるのは「長きをもって尊しとせず」です。

政権が長命なら、国際社会で存在感も高まり、その点で国益に貢献できます。

それでもなお、習近平主席の個人独裁下の中国に、戦わざる姿勢しか見せないこと、それに反対します。第一次安倍政権のように自由民主党内の親中派にやられないために、政権延命策として中国と真正面から対峙しないのなら、もっといけません。

だから安倍総理が習近平主席を国賓で日本に招いたことに、徹底的に対抗しました。

ところが安倍総理は、このことに不満を言われたことが、ただの一度も無かったのです。

具体的に、そのいきさつを次の『壺』で主権者と一緒に考えましょう。

三十三の壺

安倍総理の国賓招聘によって政府は、２０２０年4月に習主席の来日という予定を実質的に決めました。しかし２０１９年12月に中国の武漢で新型感染症（通称コロナ／わたしは専門性をもって武漢熱と呼ぶ）の流行が始まったために、とりあえず棚上げになっていました。

しかし、日本にも世界にも残酷な被害を及ぼしているその流行が収まらないうちに、習主席の国賓来日を実行しようという水面下の動きも政府内にありました。

『三十一の壺』に記したように、わたしは安倍総理に直接、反対の考えを伝え、護る会も繰り返し、総理官邸に反対を申し入れました。

しかしそれだけでは習主席を国賓で迎えるという間違った方針は覆らないと考えていました。

もう一段、違うアプローチが必要だと分かっていました。

わたしは内閣、党とも、主要な役職に就いていません。自由に発言できる立場を確保するためでもあり、冷遇でもあります。

参議院自由民主党の幹事長時代に世耕弘成さんが幹事長室でわたしに「冷遇して悪いね」と仰いました。

わたしは、習主席の国賓来日を政府が実行しようとしている当時、自由民主党の外交部会の副部会長でした。

各部会の役員は、部会長、部会長代理、副部会長という順です。

権限は部会長に集中しています。部会長代理も権限に乏しいですが、副部会長は役員の末席で、権限は何もありません。

権限はなくても役員会で発言はできるので、この外交部会を動かす以外にないと考えました。

習主席の国賓来日は当然、党では、外交部会が議論の場です。

中国は２０２０年5月から香港に「国家安全維持法」という民主化運動を弾圧する新法を制定する動きになりました。

これを批判する声が外交部会で出てきました。

5月29日金曜の午後に、自由民主党の外交部会の正副会議（つまり役員会）が開かれました。「緊急」と銘打たれています。

そこで中国に対する「非難決議案」が審議されました。

こうした決議は、党の部会として政府に正式に要望するものです。

しかし案ができるまでに行政官（官僚）の意見が入っていることが多い。それが議院内閣制でもある。

今回は、その決議案のタイトルを見ただけで外務官僚の手が深く入っていることが歴然としていました。

「中国全人代における香港の国家安全に関する決定に対する非難決議案」です。

日本国民にすんなり分かるタイトルではありません。

要は、中国がその国会と称している全人代で香港に国家安全維持法をつくることを決めたことを非難するのですから「香港の民主化運動を弾圧する新法への非難決議案」とすべきですが、外務省からするとトンデモナイ、ということになります。

蛇足ながら、この全人代というのは北京で開く全国人民代表大会です。実際はとても国会と呼べません。独裁者のご意向にイエスと言うだけです。

一方で、香港のふつうの人々の自由と民主主義への渇望を北京が圧殺することを「非難」するのは、評価できます。

この案を水面下でつくる過程には、副部会長は関与できません。しかし中国寄りの外務官僚と、外交部会長の中山泰秀代議士（大阪）が議論して、これで妥協が成立したんだなと、タイトルを見て即、分かりました。

中山さんは護る会の熱心な一員です。

あぁ、中山さんは護る会の姿勢を貫いてくださったんだなと内心で、畏敬の念を持ちました。

ところがわたしは挙手をして、「この決議案は極めて不充分です。反対します」と述べました。

中山部会長の眼に『困ったな』という表情が浮かびました。中山さんは個人的にも親しく、大阪の選挙で維新と対峙して苦悩され、わたしは総選挙で護る会代表として応援演説のために現地入りしています。

しかし、この非難決議案は外務省と裏で綿密な妥協が成立しているものです。他の役員の発言からも、それが覗《うかが》えます。

当選一回生の副部会長ごときの反対で葬るわけにいきません。

一方で中山部会長にとって、不肖わたしは護る会（日本の尊厳と国益を護る会）という大議員集団（現在１００人、当時でも50人超）の代表です。

引き裂かれる中山部会長、お人柄のよい中山さんの苦悩がありありと伝わってきます。

「ご不満はよくよく分かりますが、ぎりぎりの案ですから、賛同いただけませんか」

わたしは思わず、「はい、分かりました」と言いたい内心の誘惑に駆られました。

しかし覚悟を固めて、真逆を申しました。

「香港を含めた中国のふつうのひとびと、日本国民、アジアと世界のひとびとのために、この決議案を大きく変えることが必要です。それをせずに、このまま決議するのであれば、わたしは副部会長を辞任します」

副部会長ごときが辞めようが、党も部会長も痛くも痒くもありません。

ところが中山部会長は「それは困ります。待ってください」と仰いました。今、本書を書いてあらためて、中山部会長に感謝します。現在、落選中ですが、外交部会長になるまえ外務副大臣も務め、諸国に知己も多い中山泰秀さんの闘いは続いています。

わたしはなぜ、ここまで反対したのか。

このやり取りの前に、もちろんこの外交部会の緊急正副会議で発言し、説明しています。

ポイントはふたつです。

ひとつ目。

決議案には、香港の情況について、いつもの決まり文句で「重大で深刻な憂慮を表明する」とあります。大きな問題はその後です。「あらゆるレベルを通じて適切な機会を捉え働きかけるよう求める」。

「あらゆるレベル」で「適切な機会を捉え」とは一体なんでしょう。

誰が何をするのか分かりません。

これでは中国はもちろん、何とも感じません。

ほんとうは「安倍総理が」という主語を避けているのです。総理を簡単に出すわけにいかないという思惑と、それから習主席を国賓で来日するよう招いた安倍総理に抗議してもらうなどトンデモナイ、来日が潰れてしまうという思惑です。

わたしは「あらゆるレベルを通じて適切な機会を捉え働きかけるよう求める――では当たり前のことであり、日本が何をしたいか分かりません。安倍晋三内閣総理大臣が抗議するように求めると、書き直してください。

もうひとつは、習近平国家主席の国賓としての来日について、決議案に、一切何も書いてありません。反対すると、明記してください」

このように申しました。

申しましたが、認められるかどうかまったく見当もつきませんでした。

なぜか。

与党である自由民主党の要望書に「内閣総理大臣」という、日本でただひとりの存在に行動を求める文書など、これまで無かったのです。

どんなに踏み込んでも「しかるべき次元で要望することを求める」ぐらいです。

また、習近平国家主席の国賓来日に正面切って反対を正式に表明しているのは、護る会だけです。

自由民主党のいかなる議員連盟、議員グループにも、そんな行動はなかった。

それどころか野党もそうです。日本の政界において与野党を問わず、「習近平国家主席の国賓来日反対」は、少なくとも正式には、護る会以外には全く聞いたことがありません。

「習近平国家主席を国賓で招いて天皇陛下に拝謁、それは許さない」と言っているのは、少なくない主権者と、護る会だけでした。

では、どうなったのか。

三十四の壺

わたしはまず、この外交部会の緊急役員会で「この2点に絞ります」とも述べて、それ以上の発言をいったん控えました。

第一には、他の役員の発言時間を確保するためです。

それから、焦点をはっきりさせるためでもありました。

すると部会長代理や、他の副部会長からわたしの提案に賛成する意見が多く出ました。

しかし、ある副部会長が「香港をめぐる決議に、習近平国家主席の国賓来日の問題を入れるのはどうかと思う。別の機会にすべきだ」と何度も主張され、また別の官僚出身の副部会長は「内閣総理大臣と明記するのじゃなくて、首脳レベルで、ぐらいにしておくのが外交上、適切だ」と力説しました。

わたしは異論をじっくり聴いてから、中山部会長に再発言の許可を求めました。

「香港は、人権の深刻な侵害という点で他の問題に繋がっています。だから、香港をめぐる決議に国賓来日問題を入れて、全くおかしくないと考えます。中国の首脳を国賓で日本にお呼びするのが問題なのではなくて、ウイグル、チベット、南モンゴルでも深刻に人権を蹂躙《じゅうりん》しているままの国家主席を今、国賓でお呼びするのが問題なのですから」

「また、別の機会にと言って、うやむやになる。それが、これまでの自由民主党のやり方ですね。それこそを、変えるべきではないでしょうか」

「首脳レベル、では当たり前です。人権蹂躙をはじめ中国の問題になっている政策はみな、習近平国家主席を含め首脳レベルで決定されているとみられるのですから。日本のカウンターパートは、それは、首脳レベルに決まっています。内閣総理大臣と明記して初めて、意義が生まれます」

このとき、政府側として出席していた政務三役のおひとりは、ずっと黙していました。部会の正副会議（役員会）において政府側はあくまでオブザーバーです。

その慣例を踏まえた冷静な姿勢でした。

ところがわたしは、中山部会長に発言許可を求めたうえでこの政務三役に「いかがですか。重大な議論ですから、政務三役からもお考えをうかがいたいです」とお尋ねしました。ふだんはこうした慣例破りを決して、やりません。「変わったことをする人」では影響力は生まれません。誰も何も言いませんが、誰もついてこないのです。

70年近い歴史を持つ自由民主党の腐った部分を変えるためには、変革のターゲットを絞り、それ以外では、培われてきた伝統や慣例を尊ぶことが肝要です。

政党は、ひとりひとりが主権者に直に選ばれた議員の集まりです。背負っている役目も意見も違います。慣例は、議論しても最後には結論を出せるように工夫されてつくられたものも多い。

そこは守って、ルールも守って、変えるべきことこそを変える。護る会も、その原則があるから自然に大きくなってきたと考えています。

政務三役は、末席のわたしを見ながら発言されました。

「香港にいる日本人や、日本企業の不利益を考えると、慎重に考えるべきです」

するとすぐ、部会長代理のおひとりが「それはおかしい。日本が毅然としていることが、結局は日本人や日本企業のためになるんです」と反論されました。

香港に住まわれている同胞の保護、立場の擁護、そして日本企業の不利益を防止することは絶対に必要です。

しかし、あたかも人質であるかのような認識では、かえって事を誤ります。

わたしはそう考えていましたから、この部会長代理の意見に賛成です。

議論はさらに続きました。無限に議論を続けるのではなく、どこかで部会長が一任を取りつけるのが、部会の慣例、事実上のルールです。

中山部会長は、同席の衛藤征士郎《えとうせいしろう》・外交調査会長と短く協議をされました。この正副会議は、正確には党の外交部会と外交調査会の合同で開催されていたからです。

衛藤さんは、防衛庁長官時代にわたしは担当記者でした。そういう意味では、長いお付き合いです。わたしが議員になってから、部会での発言に注目され、何度も「共感する」と言ってこられました。

協議をすぐ終えて、中山部会長が「では決議案を修正します。どのように修正するかは（慣例通りに）こちらに一任をいただけますか」と発言しました。異論なく、拍手で承認です。

「修正します」と決断されたことには、正直、すこし驚きました。

わたしの提案に異論ももちろんありましたが、賛成論が多かったことにも内心で『へぇ～』とは思っていました。

『ひょっとして俺の言った方向で修正するのかな。中山さんをはじめ役員に護る会のメンバーが複数、居ることの影響かなぁ』

ところが、ほんとうの驚きはそのあとでした。

中山部会長と衛藤調査会長が「決議案の修文はこの場で即、おこなって、菅義偉《すがよしひで》官房長官にすぐに（決議を手交する）アポイントメントを取ろう」と提案したのです。

ふつうは、あり得ません。

一任を取りつけたら、部会は散会、そのあと部会長は再び行政官（官僚）と裏で協議しつつ修文（文案の修正）をおこなうのです。

この場で修文をやって、しかも官房長官に即座に手渡しに行くなんて聞いたことがありません。政治記者の時代から聞いたことも見たこともない。

これは、なぜか。

おそらく、官僚と再協議して時間を掛けたりすると、総理に行動を求めることも、習主席の国賓来日に反対することも、いずれも揺り戻しが来るという判断だったのでしょう。

『つまり、俺の案を取り込んで修文なさるのか』。ちょっと、ぞくっとしました。すると、護る会のメンバーではない衛藤征士郎・外交調査会長がこちらを見て、「青山さん、部会長席に来て、修文に参加してください」と仰り、中山部会長に「いいですよね」と聞いて、部会長はちょっと迷ってから「それが、いいです」と返されました。

しかし、わたしは副部会長席から立ちませんでした。

修文は部会長に一任されたのです。わたしが加わるのは、越権のきらいがあります。組織を内側から変えるときには、越権は決してやってはいけないというのは、ずっと組織のなかで生きてきたわたしの、ささやかな智恵です。

共同通信時代も、三菱総研時代も、そして社長を務めていた独立総合研究所時代も、さらには現在の護る会のなかでも、持ち続けているちいさな信念です。

ところが衛藤さんは何度も繰り返して、わたしに呼び掛けられます。

わたしはついに、部会長席の近くに行って、修文作業の最終段階だけには加わりました。決議には(1)内閣総理大臣みずから中国に、人権の尊重や法の支配の確立を働きかけること(2)習近平国家主席の国賓来日について再検討を求める——の2点を盛り込むという修文です。

わたしは⑵の「再検討を求める」というひとことで、副部会長に過ぎないわたしに修文に加わるよう求めた真意が分かりました。わたしは「国賓来日に反対すると明記してください」と求めていたからですね。

日中首脳会談で総理が公式に招聘した国賓来日に、その総理の与党の正式機関である部会が「反対」とは決議できません。

わたしのほんとうの趣旨は、反対ではなく「中止」です。いち副部会長の提案を、その方向に持っていくために、話が半分にされることを前提に「反対」を強調したのでした。

中山部会長はわたしの眼を見て「再検討が、ぎりぎりです。いかがでしょうか」と仰いました。

いったん決まっていた政治決定について「再検討」となるのは、否定的方向、中止の方向に向かうことを意味します。

また、自分の言うことは正しい、という棒を吞むような姿勢では、日本のための実りにはなりません。

賛否両論の自由な議論のあることが自由民主党の取り柄ですから、最初の発言から、妥協の余地、のりしろを作っておくことも大切だと考えていたのです。

わたしは即座に「結構です」と答えました。
同時に『まだきっと先がある』とも考えていました。

三十五の壺

部会の決議を政府に提出する前には、自由民主党の政務調査会長（政調会長）の諒解を得なければなりません。

すべての部会は組織上、政務調査会のなかにあるからです。

当時の政調会長は、岸田文雄代議士（広島）です。中山外交部会長、衛藤外交調査会長に、わたしを含む何人かの役員が同行して、党本部の階段を1階降り、岸田政調会長とお会いし、決議を渡しました。

これが午後4時ちょうどからです。

岸田さんは「本来は、部会の決議というものは、政務調査会全体の審議を通り、総務会も通っていないと、総理官邸には持ち込めないのだが……今回は香港の緊急事態に関わる決議だから、認めます」と言い切られました。

あれ？　凄いな。

そういう表情が一同の顔に控えめに表れました。「優柔不断の政調会長」という評が党内にあったからです。

そして総理官邸を訪れ、午後4時40分から菅義偉官房長官にお会いしました。かつてないスピードです。外交部会の役員会が始まってから、わずか3時間40分後には官房長官に決議を手渡したのです。

菅官房長官は熱心に全文を読まれました。

そして「真摯に受け止めます」と仰いました。常套句です。しかし、わたしは『ここまで来る経緯を含めて、官房長官はすぐに安倍総理に報告されそうな雰囲気だ』と感じました。

わたしは『今夜、安倍総理が私邸に帰られてから、この件で電話しよう』と官房長官の真剣な様子を見ながら考えていました。

それにしても、この時まで、習近平国家主席の国賓来日に反対することにおいて護る会は、日本の政界のすべてを通じて孤立無援だったのが、大きく変わったのです。

夜、安倍総理は午後7時14分に総理官邸を総理車列で出発され、午後7時27分に都内の私邸に戻られました。

わたしは午後10時ごろに都内の自宅に戻り、すぐ総理に電話しました。

「総理、習近平主席の国賓来日について再検討を求める外交部会の決議をきょう、菅官房長官にお渡しししました」

「うん」

そのひとことで、すでに菅さんから聞いておられることが伝わってきました。

「総理は前に、国賓来日が（２０２０年の）年内はとてもとてもあり得ないと仰っていました。つまり、ことし4月だった予定を大幅に延期するということですね」

「うん、そうだね」

安倍総理にとって愉しくない話題です。

消費税と、習近平主席の国賓来日、このふたつはいわば、安倍総理と不肖わたしの意見がぶつかる「二大相違点」です。

わたしは、この電話を何か別の話題にして早々に切ろうかとも思いました。

しかし総理は、わたしの次の言葉を待つ気配です。ここが安倍総理の、ほんとうに凄いところです。器が大きい。

それに励まされて申しました。

「総理、国賓来日は、延期だけでは足りません。永遠にいつまでも延期、すなわち実質的に中止にすべきです」

安倍総理はさすがに沈黙されています。

「年が明けても駄目です。年が明けても、その次の年が明けても、永遠に延期です」

言い過ぎたかと思った瞬間、総理は「よく分かった」と仰いました。

相手国が中国であっても、世界のどこの国であっても、外交非礼はしてはなりません。

習近平国家主席の国賓来日は、日中の首脳間で合意したことです。これを一方的に破棄することは、外交非礼に当たります。

非礼となるだけではなく、日本外交の信頼性に打撃となり、国益を損ねます。

そこで「永遠に延期」ということを安倍総理に求めたのです。

これは、良くない意味での日本的なやり方、すっきりしないやり方に見えて、外交の世界ではどこの国でもある手法です。

それに対する総理の「よく分かった」という答えは何を意味するか。

その通りになる、そのようにする、というニュアンスに聞こえましたから、安倍総理にこゝろから礼を述べて、この短い電話を置きました。現職総理としては、これ以上の答えはあり得ません。

そして安倍総理は、月が変わってまもなくの衆院予算委員会で「今は（習主席の国賓来日は）具体的な日程調整をする段階にはない」と答弁されました。

前年2019年6月の大阪での日中首脳会談からほぼ1年の、大きな転換です。1年かかりました。

主権者のみなさんからいつも「まだか」「何をやってる」という至極当然の声が届きます。実際にはこうやって工夫ときめ細かな思慮と、時間が必要です。

外交部会の決議と、菅官房長官への申し入れと、それから安倍総理との秘かな電話のやり取りがあった翌日、2020年5月30日土曜の昼間に、外交通の自由民主党幹部（衆議院議員）から電話がありました。

「内閣総理大臣から直に中国へもの申すべきということ、習近平国家主席の国賓来日は延期から中止へ進むべきこと、このふたつの趣旨が、確かに外交部会の正式な要請文に盛り込まれているので、感動しました。いずれもこれまでの自民党の部会決議などに一切、あらわれたことのない新しい要素ですよ」

わたしは「理解に感謝します」と答えました。

同時に『俺の動きは表に出ていない。表に出ているのは、外交部会長が官房長官に申し入れたということだけだ。なぜ（外交部会の）正副会議の様子をご存じなんだろう』と思いました。しかしそれは問いませんでした。

中山外交部会長ご自身が、この党幹部に話されたのかも知れませんが、分かりません。

マスメディアには一切、出ませんから、もちろんわたしの動きが世に知られることはありませんでした。

三十六の壺

しかし習近平国家主席の国賓来日は、ほんとうに潰《つい》えたのか。

わたしは、全くそう思っていませんでした。

中国にとっては、習主席の国賓訪日を実行できないことは、見かけよりもずっと大きな痛撃になるからです。

中国外交は強気一方に見えて、実際は、中国経済と似た状況です。すなわち落ち込みが激しく、身動きが取れない情況が続いていました。

特にこの当時は、アメリカが、中国に対して何もしなかったオバマ政権とは一変して、トランプ大統領が歴代の合州国大統領として初めて、真正面から反中国を掲げてどんどん攻めの行動に出ていました。

この年11月の大統領選挙でトランプさんを落選させるために、中国は熾烈な工作活動に出ていました。

この情勢下で、日本との関係を改善しておくことは、強硬路線を突っ走らざるを得なくなっている習近平国家主席にとっては、死活問題です。

だから、国賓訪日も決して諦めずに、自由民主党の親中派に水面下の働きかけを強めると考えていました。

わたしと、当時54人だった護る会（2024年8月現在は100人）の目指すものは、単に、習近平国家主席の国賓来日をとめることではありませんでした。

日本外交の改革です。

どこかの国を悪者にして済む話ではありません。祖国に、ほんとうの独立をもたらす、それこそが真の目標です。

それを踏まえて、この年の七夕、令和2年、西暦2020年7月7日に外交部会の正副会議（役員会）は、さらに一歩踏み出す決議案をまとめました。

長文のなかでポイントは明確です。

「中国が国家安全法の制定及び施行を強行し、法施行と同時に大量の逮捕者が出るなど、懸念していた事態が現実のものとなった現在、この状況を傍観することはできない。ここに改めて、強く非難する」

「党外交部会・外交調査会として習近平国家主席の国賓訪日について中止を要請せざるを得ない」

ついに「中止」の二文字が入りました。

すると、二階俊博幹事長が激怒され、この決議案を平場で議論する外交部会に、ふだん見たことのない議員の顔が溢れました。

ほぼすべて二階派の議員です。

ははぁ、幹事長に送り込まれたんだなと誰にもすぐ分かりました。

外交部会や国防部会はいつも、ほぼ同じ顔ぶれの議員が揃うのです。それは利権と真逆です。日本では外交や防衛は票にならず、利権も仮にあるとしても、幅が狭い。

ちなみにわたしは献金もパーティも団体支援もお断りですから、防衛利権とも縁がありません。

いつもは来ない、二階派の議員で外交部会は一杯になりました。

そして怒号のように「こんな決議を決めたら、日中関係は大変なことになる」「(日中関係を改善した)先人の苦労を無駄にするのか」と強い反対論が出ました。

ところが、その二階派の議員よりも、もっと多かったのが、護る会の議員だったのです。そもそも、二階派からも護る会に参加している議員が居ます。護る会は、全派閥から参加者があります。

護る会の議員とわたしは「この決議こそが、媚中を脱して民主主義と人権を守る日本外交をつくり、長期的には、ほんとうの良き日中関係に繋がる」と冷静に反論しました。

中山外交部会長は、それにも励まされたのでしょう、「みなで議論を民主的に積み上げてきた決議案だから、この『中止を要請』を外したら外交部会がもたない」と強く主張され、「中止」の二文字が残りました。

最終的には決議の主語に工夫を入れて、「自民党が決議する」ではなく「自民党外交部会が決議する」としたのです。

マスメディアは「二階幹事長の怒りを恐れて後退した」と報じました。いかにものを知らないかの証左です。

外交部会は自由民主党の正式機関であり、決議の意義を全く変えません。

それを証明してくれたのは、中国政府でした。

中国外交部の報道官が、この決議を激しく非難したのです。

自由民主党のいち部会の決議を、中国の報道官が公に取りあげたのは、日中の歴史で初めてのことだと、これはマスメディアも報道せざるを得なかったのです。

そして習主席の国賓来日は実際、安倍政権では二度と浮上することがありませんでした。

菅政権でも同じ、岸田政権になっても浮かんできていません。

しかしわたしは２０２４年夏現在、岸田総理が秘かに再浮上を検討していたと考えています。

安倍政権と岸田政権では、対中姿勢は決定的に違います。

たとえば、安倍政権下では外務省の秋葉剛男事務次官（当時）が、香港について中国の孔鉉佑《こうげんゆう》駐日大使（当時）を外務省に呼んで、「香港は自由で開かれた体制が維持されることが重要だ」として「深い憂慮」を強く申し入れています。

尖閣諸島の日本の接続水域に中国海軍の艦艇が侵入したときにも、中国大使を呼んで抗議しています。

ところが岸田政権になると、呉江浩《ごこうこう》駐日大使が「日本が中国分裂を企てる戦車に縛られてしまえば、日本の民衆が火の中に連れ込まれることになる」という恐るべき脅迫を、それも二度にわたって発言しても、外務省は課長が中国大使館に電話しただけです。

それを護る会のわたしたちが外交部会などで追及すると、ようやく事務次官が動いたのですが、それも電話だけ。安倍政権のように大使を外務省に呼ぶということは全く絶えてしまっているのです。

岸田総理の親中姿勢が上川外相にも外務官僚にも浸透しています。

その仕上げが、習主席の国賓来日の復活でしょう。

これも、わたしが総裁選に出ると決意せざるを得なかった理由のひとつなのです。

安倍さんが二度目の退陣をして、後続の総理をどうするかの話のとき、わたしが電話で「岸田さんは親中（姿勢）も問題ですか」と問うと、安倍総理は「岸田（呼び捨て）は気が弱いだけだよ。宏池会が問題なんだ」と言われました。

これと同じ発言を、安倍総理は何度もわたしには仰いました。背景には、第一次安倍政権をほんとうは宏池会の親中派に潰されたという、安倍さんには珍しい「怨念」があると考えます。岸田さんは果たして「気が弱いだけ」なのか、それは別の『壺』で考えます。

三十七の壺

この習主席の国賓来日をめぐる攻防の4か月ほどまえ、象徴的な政治的事件がありました。

2020年2月10日、二階幹事長は記者会見で「党役員会で相談した結果、党所属国会議員の3月の歳費から、一律5千円を天引きして、コロナ対応で苦労されている中国に贈ることにした」と発表されました。

これは党の役員会（部会の役員会ではなく、安倍総裁も出席する党全体の主な役員による機関）で実際に決まったことでした。

大半の自由民主党議員にとっては寝耳に水で「コロナを引き起こした中国になぜ、歳費からカネを贈るんだ」と誰もが反発しつつ、「二階幹事長の提案で、しかも役員会で決まってしまったなら仕方ない」と黙り込む情況でした。

そこで護る会は、執行部会と総会を開いて議論し、反対で一致し、「寄付の判断は各議員の任意の判断によるべきだ」とする要望書をまとめました。それを携えて、護る会の山田宏幹事長、長尾敬副代表（当時）、それに代表のわたしで国会議事堂内の党幹事長室を訪ねました。

国会が開会中でしたから、幹事長は党本部の幹事長室より、議事堂の幹事長室に来られるだろうという読みでした。

護る会代表のわたしは、当選1回生ですから、まともに幹事長のアポイントを申し入れても、いつ実現するのか分かりません。

そこで直接、幹事長室に押しかけたのですが、事務方は困った顔をするばかりです。

そこへたまたま二階さんが、国会の赤絨毯が敷かれた廊下を歩いてやって来ました。

わたしは「幹事長！　お話があります」と声を掛けました。

二階さんが経産大臣の当時に、二階さんの地元、和歌山の海も含めて日本の海には自前の海洋資源があるから開発すべきだと、民間の専門家時代のわたしは申し入れに行ったことがあるのです。

二階経産大臣は「そんな話は初めて聞いた」と驚かれ、深い関心を示されました。

以来、実は二階さんとは中国をめぐってどんなに考えが違っても、一種の信頼関係があるのです。考えが違う人とこそ、一致点を探すべきというのが、わたしの生き方です。民間人でも国会議員となっても何も変わりません。

その背景がありますから、二階幹事長は即座に、「あぁ、あんたか。入って、入って」と言われ、山田、長尾両氏と一緒に幹事長室に入りました。

「幹事長、歳費は国民からお預かりしているものです。ふつうの給料ではありません。国民の同意もなく一律に天引きして中国に贈ることは許されません」と遠慮なく申しました。

山田宏議員も、強力な援護射撃をしてくれました。

すると二階さんは瞬時に切り替えて、「あぁ、あれは任意だ」と仰ったのです。このへんも二階流です。

わたしは「一律の天引きをやめて、議員それぞれの任意にするんですね」と確認し、「幹事長、それではこの合意を公表します」と申すと、これも即座に「あぁ、どうぞ」と答えられました。

幹事長室を出ると、記者に取り囲まれました。山田さん、長尾さんと一緒に取材に応じている一部始終を、テレビ界では少数派のテレビ東京のカメラが捉えていました。

捉えても、テレビでは切り取りしか放送できないのですが、テレビ東京はこれをYouTube（ユーチューブ）の動画にあげて、それが長く視聴され、2024年7月現在、210万回もの視聴となっています。

わたしはこの夜、安倍総理に電話で「役員会でなぜ、反対なさらなかったんですか」と尋ねました。

総理は「二階さんが、するっと言っちゃったからね。しかし青山さんが、きょう覆したんだろ。一律というのをやめて任意にしたのは良かったね」と答えられました。

そして実際、歳費から5千円を中国に贈ったのは、ごく一部の議員に限られたのです。

三十八の壺

安倍総理とわたしで意見の食い違った大きなふたつは、どんな結果となったか。

違いのひとつ目の消費税は、ようやく8％への減税を同意してくださいました。しかし直後の内閣総辞職によって実現しないままです。

違いのふたつ目の習主席の国賓来日は、安倍総理が姿勢を転換して中止、しかし岸田政権で復活の危惧があったという現況です。

このふたつの違いを安倍総理と、とことん議論できたのは、国家観や歴史観が深いところで共通の根っこを持っていたからです。

わたしは「日本の総理には五観が必要だ。五観とは国家観、歴史観、人間観、政局観、経済の相場観という哲学、ものの見方である」と唱えています。

不肖わたしの掲げる五観のうち、まず国家観は、大学で講じる国家論ではありません。国家論ではなく国家観です。政治学ではなく、哲学です。

日本の古代の陛下、仁徳天皇は夕餉《ゆうげ》の時間帯に丘から民の家々をご覧になりました。すると、晩ご飯をつくる煙が上がっていないことに気づかれ、税を取るのをおやめになりました。これを6年、続けられたために陛下の暮らしは雨漏りのする宮殿、破れたご着衣、それにろくに食べ物すらないということになりましたが、皇后陛下に「民が富めば、それは朕《ちん》が富むことである」と仰った。陛下と皇族は飢えられても、民の竈（かまど）、すなわち台所からは再び煙が上がるようになっていたからです。

日本書紀にある、世界の政治史に唯一の輝きを持つ、帝《みかど》のひとことです（現代語訳は青山繁晴の文責）。

これは、国家は民のためにあり、権力者のものではないという国家観です。皇《すめらぎ》みずから「人のために生きる」ことを示された実践哲学でもあります。

次に歴史観は、日本の通史もさることながら、敗戦後の80年をどう見るかという「観」です。

永い歴史で初体験の敗戦だったために、勝者の言うことを聞かねばならないと、国際法（ハーグ陸戦条約）に反して思い込み、独立を回復したあとも、ほんとうには独立しないままで居ると考える歴史観です。

そして人間観は、赦《ゆる》しの「観」です。

にんげんはたがいに哀しい存在であることを知り、寛容であろうとする人間観です。人間には何でも起こり得る。おのれのみの視点に立って他者を裁かない。

さらに政局観は、時機を見誤らない「観」です。

日本とアジアと世界のまつりごと（政）において動く時を知り、鎮まる時を知り、どこに何を働きかけるか、そして国民のために何を目指すかの理念を持つ政局観です。

最後に経済の相場観は、国民経済のために打つべき手を打つべき時に打てる「観」です。

資本主義経済の根本原理を知悉《ちしつ》し、しかし生きた変化を柔軟に摑む、摑んだら強靱な意思で好況へ引っ張っていく相場観です。

哲学と理念に、広い戦略、照準の合った戦術を加えた五観です。

安倍晋三さんと、この五観が正しいかどうかについて議論したことはありません。安倍さんとわたし、それぞれの哲学であって、一致させるべきものでは無いからです。

しかし五観のいずれでも、わたしの話を時折、耳をほんとうに傾けるように、聴いてくださいました。

無理に一致させずとも、共通の感覚があったからです。

そのために実現したことには、たとえば何があったか。

令和元年、西暦２０１９年10月23日、今上陛下の即位礼正殿の儀が催された日の翌日に、護る会は記者会見をおこなって皇位継承をめぐる「皇位継承の安定への提言」を公表しました。

その内容の柱は以下の通りです。

「まず、父系一系の天皇陛下のご存在を護ることについて国民合意が生まれるよう、陛下と皇室の存在意義、あるいは女性天皇と女系天皇の違いなどについて国民の理解を深めることに、政府は教育改革などを通じて努めねばならない。そして、旧宮家の男子について、諒承いただける方には皇籍に復帰いただけるよう、また現皇族の養子か女性皇族の婿養子となられることがあり得るよう、皇室典範の改正または特例法の制定を行う」

わたしは安倍総理に電話し、「この提言は、総理官邸で総理が直に受け取ってください。その場面を国民に公開してください」と申し入れ、総理は「分かった。今井政務秘書官に、それを降ろす」と確約してくださいました。

そして11月19日、護る会の有志は総理官邸を訪れ、居ずまいを正された安倍総理にこの提言書を手交しました。

そのあと総理は電話で「元総理のひとり（実際は実名）が、なぜあんな提言を受け取ったんだと文句を言ってきたよ。あのひとは、その点では国賊だね」と仰いました。

わたしが「国賊」という烈しい表現に驚いていると「護る会の提言は正しい。愛子内親王殿下の即位を目指せと言ってくる人もいるけど、それは間違っている。根本が分かっていない」と断言なさいました。

この提言は菅内閣、岸田内閣と受け継がれ、岸田政権の有識者懇談会の結論もほぼ同じ方向となっています。

しかし現在、佳子内親王殿下が結婚されて皇室を離れられる日が近づいているという説もあり、岸田政権は皇族数の減少に焦点を絞っていました。

岸田総理の側近議員は、議員会館の青山繁晴事務所に来られ「最大の関心事は、数です」と強調しました。

それでも護る会の提言と大きな食い違いは今のところ、ありませんが、安倍総理を喪っていることもあり、岸田総理の動きをわたしも護る会も注視していました。

２０２０年５月から、護る会は総会で、政府に対し経済安全保障体制を強化するよう求めることを議論し、その提言は、国家安全保障局（ＮＳＳ）に経済班という経済安保の専門部署をつくることなどに結実しました。

また同じ５月、護る会は自由民主党の森山裕国対委員長（当時）と国会内で議論し、中国や韓国に安全保障上の重要な土地を買われないよう、その第一歩として土地利用規制法案を原案通りの内容で成立させるよう申し入れました。これは実現しました。

しかしあくまで第一歩であって、法の改正と強化が必要です。

これより先に護る会は有志で、対馬《つしま》を訪れ、韓国が手を伸ばしている現状を把握しました。

安倍総理はわたしに何度も「どうやってこんなに（議員を）集めてるの」と聞きつつ、その志に共感されていました。

護る会は、ＮＨＫが昭和30年、西暦１９５５年に放送した軍艦島（長崎市の端島《はしま》炭坑）をめぐるドキュメントで「島で朝鮮半島出身者に強制労働と差別があった」という韓国の真っ赤な嘘を助長している問題に取り組んで、軍艦島を訪れ、また名誉を穢《けが》されて苦しんでおられる元島民のかたがたと国会内で集会を開きました。

わたしは参議院の総務委員会でＮＨＫの前田晃伸《まえだてるのぶ》会長（当時）に質問し、やがて議員会館の青山繁晴事務所に来られた前田会長は、随行しているＮＨＫ職員の耳と眼を気にされながら、実は共感できる部分があるという気持ちを示唆されました。

しかしこれは全く未解決です。

現職総理の安倍さんにこの問題で協力を頼むと、総理が報道機関に介入という強い批判が必ず出るので、一切、頼みませんでした。

総理ご自身は深い関心があり、わたしと護る会が軍艦島に行ったあと、「どうだった？朝鮮半島出身の労働者も日本人の労働者も差別なく、区別なく、一緒に働いていたんだろ？　そのいい証拠はあった？」と聞かれました。

わたしは「韓国が酷い虚偽の映画を作って、韓国人が強制労働の末に殺されたとか、出《で》鱈目《たらめ》を広げていますね。もしもそれが実際にあったら、総理の仰る証拠のようなものは見つかるでしょう。もちろん一切ありませんでした。そんな蛮行なく差別なく一緒に働いていたんですから、平和的な施設が残っているだけで、逆に、そうした証拠というのは見つかりにくいんです」と答えました。

そして武漢熱（新型感染症）が広まりを見せたとき、護る会は「国民一律に10万円を迅速に給付すべき」という提言をまとめて、安倍総理に提出しました。

しかし岸田政調会長（当時）が「国民一律ではなく、所得制限を付けて支給する」という案を出し、安倍総理もこれを受け容れて、閣議決定をされました。

わたしは電話し「それだと時間が掛かってしまうから、国民一律にすべきです。方針を転換してください」と申しあげました。

安倍総理はその時は生返事でした。

ところがその後、月曜の午後に、わたしの携帯に電話が掛かってきました。

まるで２０１６年６月にわたしに出馬を促した時みたいに、お忙しいはずの月曜の昼間です。

「あのさ、国民一律がやっぱり正しいと思う？」

「はい、その通りです」

「所得制限付きで閣議決定までしてしまったけど、これを覆して大丈夫かな」

「手続き論より、国民益です。総理、踏み切ってください。国民一律ならスピードを持って10万円を支給できます」

「分かった。そうする」

あとで、公明党の山口代表が国民一律を迫っていて、安倍総理が迷っていたことが分かりました。

この電話は、山口代表が官邸に乗り込んでくる前です。安倍総理は、護る会の考えを確認して、公明党に言われて転換するのではなく自由民主党内部の声で転換すると、みずからにも納得させたかったのかなと考えています。

三十九の壺

この10万円支給では、もうひとつ、重大な忘れがたい事実経過があります。

なんと海外在住の同胞には支給を想定すらしていないのです。

外務省の概算によると、海外の同胞は１４０万人も居ます。

総理に電話し「総理、同じ日本国民になぜ、支給しないのですか。国民一律と決めたではないですか。国民に国内居住も、海外居住もありません。約束通り、一律に支給してください」と強く求めました。

わたしは、総理への電話は公表しませんでしたが、海外の同胞にも支給すべきという考えは公表しました。

すると「勝手に海外に出た奴なんか、放っておけばいい」、いや、ほんとうはもっと酷い言葉で海外の同胞を中傷し、わたしを非難する声が溢れました。

勝手に海外に出たとは全く限りません。商社マンらその家族らは社命で出るのだし、真剣に留学している学生に「勝手に出た」とは言えないでしょう。

同時に「勝手に」、つまり自由意志で国内外を行き来できるのが民主主義国家、日本です。日本国籍を放棄されない限り、国内に住むわたしたちとまったく同等の権利と義務があります。

日本社会が病んでいることを感じつつ、わたしは非難の嵐にひるまず、総理に電話し続けました。

「総理、まずは、給付金の主管官庁である総務省の高市総務大臣に、動くよう指示してください。動き出せばあとは外務省でしょうが、まずは総務省ですから」

するとと安倍総理は意外なことを仰いました。

「高市（呼び捨て）はさ、俺が指示するのを嫌がるんだよ」

「えっ？　嫌がる嫌がらないの問題ではないでしょう。総理が任命した大臣じゃないですか。指示してください」

「いや、俺が指示すると多分逆効果だよ。あいつは自分が総理になる気でいるから、かえって反発して動かないと思う」

「えぇっ？　そんなはずは無いでしょう」

「あるんだよ。高市はさ、社会性がないから」

「社会性がない」というのは、実は安倍さんとわたしの会話で、高市さんのことに安倍さんが触れるとき、よく仰る言葉でした。ふつうに言うと「常識にやや欠けるところがある」という意味になるかな、とも思いますが、安倍さんは高市さんへの深い愛情とアドバイスも込めて「社会性がない」という独特の言葉になさっていたのでしょう。

「安倍総理は高市さんと長い付き合いだと思いますが、わたしも友だちなので、じゃ、わたしが直に交渉します」

「あ、そうして。その方がいい」

「では、総理は、海外の同胞にも一律で支給するということ自体には同意されるんですね。それが無いと、わたしは高市大臣に話をする権利がありません」

「うん。それはそうだよ」

それはそうだよ、と言いながら、どこか煮えきれません。これはおそらく外務省が嫌がっているんだなと拝察しながら、とにかく高市大臣にすぐ電話しました。

高市大臣は、海外の同胞だけ除外されているということをご存じではありませんでした。しかし不肖わたしを信頼してくださっているのと、国士ですから、「それはおかしいね。すぐ聞いてみましょう」と仰いました。

いくらか胸を撫で下ろしながら、しかし不安いっぱいで高市大臣からの電話を待って数日、「あれ、総務省の管轄じゃないから。うちじゃないよ」と高市さんから電話がありました。

それは分かっているけど、主管官庁の総務省が納得してくれていないと外務省も動かないからと思いましたが、安倍さんの話も含めて、これ以上、押してはいけないと考え、わたしは再び安倍総理に電話し、また直に外務省、内閣官房の行政官（官僚）との交渉を始めました。

すると内情が分かってきました。

外務省は、海外の同胞がどこにどれだけいらっしゃるのかが、ちゃんと把握できていないのです。

１４０万人というのも、当てずっぽうに近い、概算なのです。

これは外務省だけを責めるわけにいきません。

海外に出た同胞で、しっかり届け出ない人がかなり居るとのことで把握しきれない、それから選挙の投票をする人が少ないことから政治家が関心を持たないので、コストを掛けて把握することを怠ってしまっている。

これも背景になって、要は、10万円支給と言ってもどこの誰にどうやって支給するかが分からず、現状のみで考える官僚には、不可能に見えるのです。

そこでわたしは「海外の同胞に、手を挙げていただく」という手法を当然ながら考え、実はこれで内閣官房の事務方責任者がわたしに「できます」と言い、外務省も事務次官がやって来て前向きらしきことを言い、あと1センチで「海外の日本人も感染症で苦しみ抜いている」という現実に、10万円を支給できるところまで行きました。

ところが急転、「やはりできません」と内閣官房が言ってきました。

落胆の気持ちを抑えて、丁寧に調べると、中南米のある大国の日系人会の会長が「うちの孫は4代目だから、もう日本国籍が無い。だから10万円が支給されない。不公平だ」と、その国に駐在する日本大使にクレームを付け、この大使が総理官邸に強硬に「やっては駄目です」と言ってきているということが、外務省の内部情報で詳しく、具体的に分かりました。

安倍総理にもこの話が入っているとのことなので、電話し、「総理、それは不公平ではなく申し訳ないけど、わがままです。日本国籍の無い人に、国民の税を財源にした10万円を支給は出来ません。不公平というなら、海外に居るというだけで膨大な数の同胞に支給しないことこそ、不公平です」と強く申しあげました。

安倍総理はこの時はほとんど返事をなされずに、後日に電話を掛けてこられました。

その電話を聞いて、わたしはちょうど出張先で風呂に入っていて、風呂で携帯電話を取ったのですが、喜びのあまり、裸で風呂場を飛び出しました。

総理は「もう分かったから、菅官房長官にこの件は渡す」と仰ったのです。

実力派の官房長官に渡してくださるのなら、きっと実現する。そう歓喜したのです。

この件は護る会に諮っていません。

なぜなら、投票をなさらない主権者に、国会議員はふつう、護る会といえども関心が薄いからです。

そして官房長官に連絡をとると「青山さんが官邸に来ると目立つから」と、都内のある場所を指定されました。

菅さんは現職バリバリの政治家でいらっしゃいますから、この意外な場所を今も、政治活動に使われるのかも知れません。だから場所も名称もすべて伏せます。

ただ、ご飯を食べるような場所ではありません。公的施設の一室です。もともと対話や議論に使う部屋ではないから、とても狭いです。

目の前に、菅義偉さんのあの眼力に満ちたまなこがあります。

「不公平だから、やれません」

わたしは全身から力が抜けるのを自覚しながら、懸命に、不公平は逆であることを述べました。

しかし「不公平だから」。

思うに、これは菅官房長官の思い込みではなく、安倍総理の考えなのでしょう。菅さんはその責任に忠実に、総理の考えを実行されたのでしょう。

内閣官房と外務省は、このあと、海外で感染症について講演するといった案を出してきました。10万円を支給するのなら、仮に140万人だと、1400億円です。

代替案なら、遥かに安い予算で済みます。

しかし病に今、苦しんでいる人に講演？

「総理、これは、拉致被害者を実質的に放置しているのと根っこが同じです。同胞ひとりひとりの苦しみを理解されていません。安倍総理なら、お分かりになるはずです。そうではないでしょうか」

わたしはこの悲しい言葉を安倍総理に申しあげるしかありませんでした。

安倍総理も、できることはやったとか、そんなことはひとことも仰いませんでした。けれども、それは救いにはなりません。

日本は政治家も官僚もメディアもネットも、冷たいです。思わず排他的と言いそうになって、わたしは口を噤《つぐ》みます。

その排他的の「他」は異邦人でなく同胞です。異国にいたら排除されるのでしょうか。そんなはずはありませんね。やはり「投票しないなら関心ない」という政治家に、最大責任があります。

わたしはせめても、海外の同胞が選挙に行きやすくすることを、その後、実現しました。「有権者の登録をするだけで飛行機に乗って領事館のあるところへ行かねばならないのです。これが投票の障害になっています」というアメリカ在住の同胞の怒りの声を受け止めました。この意味は何か。海外の日本国民は「在外選挙人証」を取りに、大使館や領事館に行かねばならないのです。わたしは外務省と交渉し続け、やっとネット（ビデオ通話を含む）で簡単に登録できるように改革しました。

海外の同胞のみなさん、これを使って投票してください。するときっと、国会議員が動くようになります。

国内でネット投票をセキュリティの不安でやれない今、投票するにはやはり投票所に行かねばなりません。しかし投票できる態勢にしておくのと、そもそも投票する資格を持っていないのとでは、天と地に近い差があります。

四十の壺

中国と違い、韓国に対しては「何をしなければいけないか」について一致していました。

最初はこれも違っていたのです。

安倍さんが再登板なさった直後、アメリカに出張していた民間の専門家時代のわたしに、総理官邸の知友から電話が掛かってきました。

「総理が（韓国の）朴槿恵《パククネ》大統領と慰安婦合意なるものをやろうとしている。きっと後で裏切られるから、官邸のみんなで反対しても、総理は考えを変えない。最後の頼みの綱として、青山さんから電話してくれませんか」

すぐ電話すると安倍総理は「朴槿恵なら、今度ばっかりは裏切らない気がしてさ」と仰います。わたしは内心の遠慮を振り切って「総理、甘いです。それは、世襲議員の甘さです」と言い、安倍総理の不快をあえて買って止めようとしましたが、総理は無視して、そのまま突き進まれました。

そして案の定、裏切られて合意を一方的に反故《ほご》にされ、安倍総理は「韓国はもう信用できない」と憤りを語られました。

そのあと、韓国については不肖わたしの提案を聞いてくださるようになったのです。

これは、わたしが韓国を「ホワイト国」、すなわち何を日本から輸出しても安全な国としていることをやめるよう政府に働きかけた時もそうでした。武器に転用できる輸出品が北朝鮮に流れている怖れがあるための問題提起でした。

最初に外交部会でそれを提起したときは、まったくひとりきりでした。そのあと議員会館の青山事務所にやって来た経産省の課長は「そんなこと、絶対にできませんっ」と叫び、それに、同席していた外務省の幹部も同調していました。

しかし安倍総理に電話すると「分かった。今井（政務秘書官）にすぐ降ろすから」と言ってくださいました。

ここの経緯は「安倍晋三 回顧録」の記述とまるで違います。

この書では、安倍さんとなぜ意見が違ったのかということを突き放して客観視することで検証し、これから日本をどうするのかを考える、ささやかな目印にしたいと思って書き続けてきました。

安倍さんは現職総理、あるいは総理を辞めたあとも自由民主党最大派閥の長として絶大な影響力を発揮する存在でありました。

一方のわたしは、当選わずか1回、そして2回のほぼ無役の議員でした。

そのために、安倍さんとの交渉と議論、対立と連帯のすべてが水面下です。

安倍さんは生前、読売新聞の記者の長時間取材を受けられました。しかし、それが「回顧録」のゲラ（出版前の仮刷り）になって渡されたあと、出版にストップをみずから掛けられました。

安倍さんが暗殺されると、その「回顧録」はすぐ出版されました。安倍さんにとって「回顧録」の何が問題だったのか、もはや分かりません。電話でお尋ねすることもできません。言ってはいけない部分を削りたかったのか、肝心な事を言っていない部分があったのか。その両方なのか。

この「回顧録」に、わたしと安倍さんとのやり取りは、一切、出てきません。すべてが水面下だから当然だ、とは言えません。安倍さんの生前、すでに主権者に公開している事実もあるからです。もちろん総理との交渉、議論、連携のごく一部ですが、あります。

それを、ぎりぎりの範囲内で主権者のみなさんに公開することは、国会議員の責任のひとつです。

たとえば、前述した韓国の「ホワイト国」の問題です。

韓国海軍の艦艇が海上自衛隊の哨戒機Ｐ－１に射撃の前提となるレーダーを照射した事件が西暦２０１８年の12月にあったあと、年が明けて19年の１月30日に開かれた自由民主党の外交部会では、昂奮した議員から「断交せよ」「日本の駐韓大使を召還しろ」といった意見が噴出しました。

他の議員の発言をすべてじっくり聴いたあとに、挙手をして発言しました。

「断交すれば国際社会で日本が悪者にされるだけだし、大使を召還すれば韓国に進出している日本企業が困ります。それより、韓国をいわゆるホワイト国から外しましょう」

目の前に居並ぶ外務省の高官たちが一斉に、奇妙な行動をとりました。

体を立てて、眼は正面から議員席を見たまま、机の下で手を動かしています。スマホを触っています。

2019年1月30日、自由民主党外交部会でまさに「ホワイト国除外」を提案しているところ

わたしは『ああ、なるほど、外務省はホワイト国を知らないんだ。聞いたことはあるけど、詳しく知らないから検索してるな』と気づきました。

ホワイト国というのは、官僚がつくった奇妙な日本語です(ふだん官僚や役人と呼ばず、公務への敬意を込めて行政官と呼ぶようにしていますが、この場合は、官僚と呼ぶしかないですね)。

日本から韓国へ輸出する場合、軍事転用が可能なハイテク製品であっても、韓国を真っ白な国、ホワイト国と見なしてチェックをしないという仕組みだと、さすが外交官、すぐにおおむね理解した雰囲気になりました。

韓国は北朝鮮と裏で通じている場合があるし、近年では中国とも通じています。北朝鮮も中国も、その肥大化する個人独裁は、日本にとってだけではなく国際社会の大きな問題です。韓国を「真っ白で何の疑問も無い国」とするのは、前に述べた「韓国や中国にものを言ってはいけない」という、わたしたちがみな、子供の頃から刷り込まれた歴史観のなせる不当な措置です。

日本が韓国を「ホワイト国」から外しても、国際社会は非難しません。北朝鮮や中国と通じている懸念を共有するからです。

これは貿易管理の問題なので、主管は経済産業省です。だから外務省の高官はスマホで検索した。縦割り行政の典型ですが、やむを得ない面もあります。

その外交部会のあと、2月になって議員会館の青山繁晴事務所へ、経産省の担当課長（当時）と、外務省の幹部がやって来ました。

外務省の幹部は、ひとことも発しません。

ところが主管官庁である経産省の担当課長は、やや四角いお顔を余計に四角にして「韓国をホワイト国から外すなんて、そんな事は絶対にできませんっ」と怒鳴りました。大声で、議員を威迫したのです。いや、威迫しようとしたのです。不肖わたしは誰からも威迫などされません。

ははぁ、ホワイト国からの除外は考えた以上に勘所を突く問題なんだと、おかげで分かりました。

そこでわたしは夜半に安倍総理の携帯に電話し、すべてを伝え、「わたし自身も今後も経産省、外務省に働きかけていきますが、総理、官邸も動いてください」とお願いしました。安倍総理は快諾され、その後に、経産省出身の優れた政務秘書官、今井さんに指示されました。前述した通りです。

そしておよそ半年後に、韓国をホワイト国から除外することは実現し、ホワイト国という奇怪な名前は「グループA」に変えられました。

ところが「回顧録」には全く違う記述があります。取材者が安倍さんに「誰のアイデアですか」と聞き、安倍さんが「経産省です」と答えた、ことになっています。

しかしその経産省は、前述のように担当課長が「絶対にできない」と怒鳴ったのです。

これは議員会館の青山繁晴事務所でのことですから、公設秘書3人という証人がいます。あの大声ですから、事務所中に聞こえますし、同じ狭い会議室に出口太《いでぐちふとし》・公設政策秘書（当時／その後、故郷の五島市長選に出馬）がいました。

また外交部会で史上初めて、「韓国をホワイト国から除外する」と提案したのは、西暦2019年1月のことです。

まだ武漢熱の広がりが酷くない頃ですから、部会にも、出口公設政策秘書がいました。それに外交部会の発言は、外務省が、公表を前提とはしていないけれども、メモを取っています。

今井政務秘書官は実力派であるだけではなく、経産省出身です。その努力があって、ホワイト国の除外は半年かかって、実現しました。

日本の経済外交が韓国にもの申した画期的なケースですから、テレビが取りあげ、わたしに怒鳴った経産省の担当課長が画面に出てきて「やりました」と胸を張っているのを見て、思わず笑いました。皮肉ではありません。経産省が変わってくれればいいのです。

安倍総理がわたしに出馬を促すときに仰った、「経産省も変わるな」は、別のところでも、もっと意義深く実現しました。

経産省が日本の海の自前資源をやらない理由は、資源を海外から買った方が値段が高くなり、それは国民には負担だけど、その高い分がマージン（利鞘）となり経団連や天下り官僚を潤すからです。

そのために経産省のエネ庁こと資源エネルギー庁は、資源を買うだけの官庁でした。ところが安倍さんの死後、エネ庁の石油天然ガス課が、資源開発課に衣替えしたのです。海外から買うだけの「石天課」が、資源開発、自前資源を含めて資源をみずから開発する課に変わったのです。初代課長の長谷川裕也《はせがわゆうや》さんは、それにふさわしい志、自前資源こそ日本を独立させるという志を持つ行政官（官僚）です。

この「資源開発課」の誕生には、その前段となる動きがありました。

わたしとずっと厳しい議論を続けてきた経産省キャリア組（総合職。かつての名は上級職）の早田《そうだ》豪・石油天然ガス課長（当時）が、自由民主党本部で開かれた部会でこう発言しました。

「資源量の多い少ないではありません。自前資源がゼロではなく0・1でもあれば資源を輸入するときにもバーゲンニング・パワー（交渉力）を持ちます」

知られざる、歴史に残る発言だと思います。

日本は自前の資源が無いために勝ち目のない日米戦争まで始めたのです。

それを一変させる希望として、海中ロボットを使い海底の資源を探して採る技術で、日本が世界の先頭に出るなら、それは既得権益の側にとっては深刻な動きです。

国民が「日本には資源が無い」と思い込んでいるからこそ、輸入資源を高く売って、膨大な利鞘を手にしてきたのです。

おのれの存在を過大に言うのではなく、わたしが国会に居なくなれば、自前資源は「やっぱり無理だった。実現しない夢だった」と無かったことになるでしょう。日本の学者、評論家、コメンテーターの多数派、そしてテレビ局と新聞社が、既得権益の側に付いているから、必ず、逆流を実現するでしょう。

前述の早田課長は「メタンハイドレートが実用化へ進み出すまでは、この課長を辞めません」と宣言しました。ごく淡々と、静かにそう言うのです。わたしは驚きました。

ふつうキャリア組の課長は1年半程度で担当が替わります。そうしないと出世が遅れるからです。

「同期（のキャリア官僚に）にどんどん置いていかれるんじゃないですか」と聞くと、

「はい。そうです。それどころかもう、後輩にも追い越されています」

淡々とした静かな声を変えずに、そう答えます。

あらためて驚きました。このような官僚が現れたのは、史上初めてではないでしょうか。おのれの出世を犠牲にしてでも国益を優先する、日本を自前資源を持つ国にしようとする。

この前任者（早田課長）が居たから、現在の資源開発課の初代課長、長谷川さんに繋がっているのです。

安倍さんの予言は実現しました。

では「自民党議員も変わるな」はどうでしょう。

護る会（日本の尊厳と国益を護る会）の誕生と成長と実績が、その象徴です。

もうひとつ、「外務省が変わるな」はどうでしょうか。実はこれがいちばん難題です。理由のひとつは、在外公館を沢山、抱えていて、国内からはなかなか手が届きにくいことがあるからだと考えます。

それでも前述した「海外の同胞に10万円が支給されない」という悲痛事をめぐって交渉しているとき、「あ、これまでの意識では駄目なんだ」という表情になった外務官僚が何人かいます。

変化の端緒が兆していると考えています。

わたしが公務で2023年9月に南アフリカ共和国、翌2024年8月にはコンゴ民主共和国（旧ザイール）、コンゴ共和国などアフリカ諸国を歴訪した時のことです。

南アと両コンゴはいずれも、日本の外交官が「中国とズブズブ」と本音では評する国々です。

ズブズブとはチャイナ・マネーによる援助、さらには賄賂によって政府の首脳陣や高官が中国に取り込まれているという意味です。

理由は分かるのです。南アは、あの偉大なマンデラ大統領がアパルトヘイト（人種隔離政策）と闘っているとき西側諸国が助けず、助けたのはソ連や中国だった。両コンゴも他のアフリカ諸国も、すくなくとも権力者への援助については中国は日本と桁違いのジャブジャブ援助を続けています。

そのうえでわたしは南アでは親中派の高官にこう説きました。「中国経済の苦境によって中国は勝手に援助をとめ、貴国には建設途中のまま廃墟となった高層ビルが林立する。もともと雇用も利益も中国が持っていく援助構造だからだ。日本は違う。日本の援助はアフリカ人のためだ」

想わぬ話に顔色が変わる高官の横で、南アの実務者たちが何度も何度も深く頷きました。英語圏ですから、直に話せます。

すると高位の日本国外交官がわたしに「胸がすく思いでした。ようやく日本が言うべきを言った」と語りました。

また両コンゴはフランス語圏ですが、あえて通訳を挟まず相手の眼を見て、この書で述べた仁徳天皇の逸話まで説いて「中国の援助は中国のため、日本の援助はあなたのため」と、ゆっくりの英語で話しました。

すると両コンゴの高官がいずれも突然、「そうなんだよ！　中国の造った橋は落ち、道路は陥没する。本気でアフリカ人のことを考えてないから。しかし日本の援助なら大丈夫だ。我々のためにやってくれているから」という趣旨を叫ぶように言うのです。

両コンゴに同行してくれた別の日本国外交官は、以下のメールをくれました。部分ではありますが、原文のままです。

「コンゴ民主共和国、コンゴ共和国での素敵な出会いに心から感謝しております。

外交官の立場では言いたくとも言えない本音の部分をズバズバと相手にぶつけながら、心を通わせられる姿に、議員外交の真髄を垣間見ることが出来た気がいたします。大変に良い勉強になりました」

わたしは、これら本音の声は外務省の変化の顕《あらわ》れだと考えます。

なぜなら、かつては「中国の気に障るようなことを言ってもらっては、あとで我々が困るじゃないか」が本音だったからです。

四十一の壺

しかし、安倍総理がいちばん変えたかった省庁は、財務省です。

消費税のところで述べたように、わたしは「財務省を悪者にするより、われわれ国会議員が財政法4条を変えるべきです」と安倍総理に申しあげ、安倍さんも深く同意されていました。

財政法4条の改正は、参議院自由民主党の経済通、西田昌司議員らも安倍総理と議論なさっていたようです。

国政選挙に連勝していた安倍総理には、このチャンスがあり、わたしは「再登板後の任期中に実現を」と何度も提案しましたが、安倍総理は「いや、まだ、政治的コストが高すぎる」と踏み切りませんでした。

国政選挙の連勝の理由は何より、日本経済が上向いたことです。

西暦2007年9月に第一次政権の総理を辞任した安倍さんは、そのあと経済と安全保障を徹底的に勉強されました。もともと読書力のある人ですから本を熟読多読されましたが、家庭教師もつけられました。

たとえば経済では東大とイェール大学の教授を歴任した浜田宏一さんです。

再登板を果たして半年後に、新たな経済政策として「アベノミクス」の開始を宣言しました。

安倍さんを国際共通語の英文字で書くとABEです。これをアベと読んでくれる人は英語圏にいません。エイブです。

かつて竹下総理が訪米し、アメリカのレーガン大統領と首脳会談を行って、ふたり並んでの共同記者会見となりました。

ところがレーガン大統領は、手元のメモにあるTAKESHITAが読めません。顔をしかめてちょっと苦しんだあと「テイクシータ」と大声で言ったのです。日本のタケシタ総理が、テイクシータ総理というどこの国の誰ともつかぬ人に化けてしまいました。

日本の総理はそれぐらい存在感が薄かった。さっきまで首脳会談をしていて、その名前の読み方すら分からないのですから。

昭和63年、西暦1988年1月のことです。わたしは共同通信社の政治部の総理番記者でした。日米同盟といいながら、日本の総理ってこんなものなのかと愕然としたのです。しかしアベノミクスが世界に広まったおかげで、安倍総理のＡＢＥは、アベと正しく呼ばれるのです。

英語で、世界に向けて「アベノミクス」とみずから発信するとき、安倍総理が再登板前とは比較にならない、誇らしげな、明るい顔をなさっていたのをよく覚えています。

ただ……人間の運命には、いつも将来の光と闇が兆しています。

安倍さんとの対話で、わたしはアベノミクスの根っこのひとつを円安誘導だと理解していました。

当時の日本経済は、円高で苦しんでいました。日本でつくったものを海外に出すと価格が高くなって売れません。そこで安倍さんは、財務省の非主流派でフィリピンのマニラに出されていた、黒田東彦《くろだはるひこ》ＡＤＢ（アジア開発銀行）総裁を日本に呼び戻し、日銀総裁に就けて連携し、「異次元の金融緩和」、要は円をじゃぶじゃぶマーケットに出すことをやりました。

少ないものは高く、多いものは安くなります。だから円安になって、日本の輸出企業が救われた。

円はのちに、安倍さんの死後、アベノミクスで想定した幅（計量政策学者で安倍総理の経済ブレーンだった高橋洋一さんによると110円〜120円）以上に急激で大幅な下落となり、日本のすべてのマスメディアや一部の学者などが「日本の信用が落ちた」という不安を広めました。

しかしトランプ前大統領が大統領選のキャンペーン中に「ドル安がいい」と言っただけで、日本の全銀協（全国銀行協会）の会長が「潮目が（円高へ）変わる」という発言を公式におこなうような世界が為替です。

投機に次ぐ投機で、いくらでもコロコロ変わります。共同通信で政治記者となる前、経済記者を務めて証券記者クラブでマーケットと日々、向き合った経験からしても、そうです。

円安だけで日本の信用失墜と煽ること、それが正しいとはとても言えません。

わたし自身は円安基調が正しいと考えています。なぜなら、事実として、たとえば円安の時には設備投資が増えた実績が日本経済の客観的な統計数字にあるからです。

ただ、輝いていたものほど、深い闇もある。

安倍さんはそのアベノミクスを財務省にも呑ませるために、財務省へのプレゼントとして消費増税を2回も行いました。

これはアベノミクスの志と矛盾し、日本をデフレーションにもう一度突き落とすような誤りです。

アベノミクスの志は、積極財政です。積極財政を発動して失業者を救い、雇用を増やすことです。円安誘導もそのためにあります。

一方、財務官僚は、緊縮財政です。

これを、財務官僚だけ悪者にして論じるのは間違っています。

前述したように、GHQは、日本を将来にわたって封じ込めるためにふたつの巨《おお》きな置き土産を残していきました。

ひとつは、日本を、アメリカに依存しないと国民を護れない国にするための憲法9条です。

もうひとつは、日本だけ、戦時国債を発行できない国にして何があっても二度と戦えないようにするための財政法4条です。

財政法4条を改正しない限り、財務官僚は国債を発行して積極財政を採るのをほんとうは違法に近いと考え、緊縮財政を採って、財源は増税と考えるのです。

すなわち最大責任は、立法府にあります。この本を書いている今は、わたしも立法府の一員ですから、責任者のひとりです。

わたしが総裁選に出る決意をした理由のひとつです。

主権者からは、個人ブログにこんな指摘があります。

「青山さんが掲げる憲法9条と財政法4条の同時改正を知って、これは戦後の全てが殺しに来るぞと思いました。自己保身のためです」

そうでしょうね。

西暦2024年9月の総裁選で、わたしがどなたよりも早く公式に出馬表明したにもかかわらず、全マスメディアがこの事実をほぼ完全に葬り去って恥じないのも、その一環だと客観的に考えます。

ただし悲壮感はありませぬ。

わたしは、安倍さんのために議員になったのではなく、安倍派にも加わらず完全な無派閥を貫き、ただ国益と国民益のために議員となった、それは安倍さんもよぉく理解なさっていました。

こういう経緯で選挙に出たのですから、安倍さんも、「では、外務省は変わったのか、経産省は変わったのか、自由民主党の議員は変わったのか」を整理してお知りになりたいのではないでしょうか。

その意味では「青山さん、ちゃんと書いてよ」と、いつものリラックスした口調で、わたしの肩口からモバイルパソコンを覗き込んでおられる気もします。

これは、思い出を語る書ではないということです。

祖国にながく尽くされた安倍晋三さんの鎮魂の書ではありたいと、胸の裡で祈っています。

しかし安倍晋三さんは、みずからを偲んでもらいたいと望まれるでしょうか。

その関心は「私の居ない日本を、みなさんは、どうなさるのか」にある、そう考えることも、わたしたちは、きっとできます。

安倍元総理が暗殺されたあと、日本の国と社会は、不安な迷走の坂道を転げ落ちていきます。

それが岸田政権への不支持に繋がっていました。わたしはみずから、岸田総理に代わる決心をいたしました。

わたしはあえて衆院に鞍替えせず、参院から総裁選に出ようとしています。

そのために自由民主党議員で最初は唯ひとり、前述の通り、いちばん先に総裁選出馬を明言したにもかかわらず、それを認めて発信してくださるのは若狭勝弁護士（元衆議院議員）だけです。

しかし参院から出て、旧来の総裁選を破壊せねばなりません。

参院から出るのは、第一には全国の選挙区は参院しか無いからです。衆院の小選挙区制が世襲を生み、地元の利権への執着を深め、政治家から五観を奪いました。

ふたつ目として、政治評論家や学者が「解散の無い参議院議員が、衆院の解散権を持つ総理になってはいけない」というのが間違った俗論であることです。

総理がご自分の政略、利益誘導、保身のために解散してきた政治史に、囚われすぎています。公私の混同です。解散の無い参議院議員だからこそ、私利私欲なく、公平に、かつ慎重に解散権を行使します。

みっつ目は、憲法の規定では、総理は衆参どちらでも国会議員であれば有資格者です。

そして、わたしに閣僚歴が無いことを心配なさる主権者も、意外に少数ながらいらっしゃいます。しかし旧来の政権で閣僚であったことは無い方が、本物の変革が必要な今、良いと客観的に考えています。

自由民主党の党内では、驚くほどその懸念の声を聞きません。

おそらくかなりの数の議員が部会での議論を通じて、また護る会でのリーダーシップを見て、わたしの専門能力、統治能力を信頼なさっています。

カネがあり、利権へのパイプがあり、閣僚経験があり、そして２０２４年９月の総裁選の特徴として、ボス、親分、長老がその頭上に居て言うことを聞く衆議院議員だけが総裁候補、そういう総裁選はむしろ壊れるべきです。

四十二の壺

わたしは前回の総選挙、すなわち安倍さんの生前にも一度、総裁選に出ようとしました。

そのとき安倍さんは「青山さんは今じゃない」と仰り、その理由を雄弁に語られました。

「今度は岸田（呼び捨て）と決まってるんだよ。菅さんは、俺の急な降板のあとを引き受けてくれた恩人だ。だから安倍政権と菅政権は一体だ。だけどその後は今度は、左に行くんだよ。それが自民党の得意技の振り子なんだ。岸田は気が弱いだけで悪い男じゃない。しかし宏池会は悪い。中国ともズブズブだ。それが官邸に入る。そこに１本は串（ママ）を刺しておきたいから、高市（呼び捨て）の推薦人になってやってくれ。青山さんが推薦人になれば、流れは変わる。しかしそれでも高市は（当時の令和３年、２０２１年９月の総裁選では）総理になれない。なれないけど善戦して、能力は高いんだから有能な閣僚になって、岸田内閣の内側に入れる。今回はそれが必要なんだよ」

　安倍総理、その「今じゃない」総裁選がやって来ました。結末がどうであれ、わたしはこうやって、安倍さん抜きで挑んでいます。

　それを安倍総理にも、確たる文字でお見せしたかった。だからこの本の原稿を書いています。

　あの銃撃の日、令和４年、西暦２０２２年７月８日金曜日の朝９時過ぎも、わたしはモバイルに屈み込んで原稿を書いていました。

　乗り慣れた羽田発伊丹行きのＡＮＡ17便、満席の通路側に座っていました。

　わたしは、遊説の旅でした。参議院議員を１期６年だけで辞めたかったおのれ自身を曲げて2期目の選挙に出た、その選挙演説です。

辞められなかったわけは、ふたつです。

ひとつ目は、行政官（官僚）の真摯な言葉です。

経産省は、やっと自前の海洋資源の実用化に着手しました。ところが味方につけた経産官僚が「青山さんが1期6年で辞めたら、自前資源は無かったことになります。賦存量《ふぞんりょう》が足りなかったと言えば、それで済みますから」と言われました。

ふたつ目は、議員を辞めて、護る会の代表も当然、辞めようとしたら、思いがけず強い反対に遭ったことです。

1期の終わり近くに福岡で講演したとき、最後に、地元の代議士である鬼木誠さんが挨拶に立たれました。

鬼木さんは、護る会の執行部の一員、副代表です。しかし型どおりの挨拶かなと思っていました。

ところが「信じられない話を先ほど、聴衆のかたから聴きました」と切り出したのでした。「護る会の青山代表は、1期だけで議員を辞めるつもりだそうです。もしもそんなことがあれば、日本は再び、希望のない国に逆戻りします。青山さんにとって、一度、決めたことを撤回するのは、どんなに不本意で辛いことかと思います。しかし、撤回して、2期目に出ていただけませんか。この場の聴衆のみなさん全員と一緒に、この場で祈りを込めてお願いしたいと思います」

わたしは鬼木ちゃんと呼んでいます。飾りのない、嘘のないひとです。

読者のみなさん、映画やドラマに出てくる、いつも同じような政治家と違って、こういう正直者もいるのです。

この鬼木代議士が発言されると、大きな会場の満場の聴衆から、海鳴りのような拍手が起きました。「そうだよ、それを言ってほしかった」という男性の叫び声も、拍手の中から聞こえました。

これは、胸に応えました。

そして2期目の選挙遊説に出た大阪で、なぜかそっくりの雰囲気の男性ふたりから別々の場所で「おまえ、1期で辞めると言ったじゃないか」と遊説を妨害されました。

そのように仰る人は、国会議員というものがよっぽど儲かる、楽な、特権階級だと考えているのではないでしょうか。

わたしは、そのような議員像を変えるためにこそ、おのれの願いを殺して、2期目を務めます。

もしも、人生を壊さないために選挙に出ないことを貫いていたら、せめて、予定通りに1期だけで議員を辞めていたら、と思うことはありませぬ。淡々とすべてを受容して、やるべきをやるだけです。

選挙中もとにかく原稿を書かないと、献金もパーティ券の売り上げもゼロですから、ふつうの何十分か何百分の一かの選挙資金も足りなくなります。

飛行機の通路際の席でモバイルパソコンに屈み込んで一心に原稿を書いていると、いきなり左肩をばぁん、ばんっと思い切り強く叩かれたのです。

顔を上げると、長身でまるで太らない安倍さんが顔いっぱいに笑って立っています。

何で、そんなに明るく嬉しそうなんですか?

正直、思わず、ぽかんと安倍さんの笑顔に見とれました。

太《ふとし》こと出口太・公設政策秘書（当時）はすこし離れた席でこの一部始終と安倍さんの笑顔を見て、『あぁ、ほんとうにウチの議員は、安倍元総理と仲がいいんだなぁ』と思ったそうです。

夏の参院選がようやくあと2日になった時です。日本でもっとも有名な政治家である安倍さんは、請われて回る応援遊説で文字通りに全国を飛び回っています。

異様な暑熱、烈しい移動、複雑な気遣いから来る深い疲れ、そして潰瘍性大腸炎という宿痾との見えない戦いも安倍さんにはあります。それなのに、長い付き合いでもあまり見なかったほどの爽やかな笑顔です。

安倍さんは一瞬で身を翻して、わたしの左斜め前の席に座りました。携帯を見て、それから日経新聞を読んでおられます。

10時05分に、ＡＮＡ17便は伊丹に着き、ＣＡさんの諒解を得て、ドアが開く前に機内の一角ですこし安倍さんと話しました。

「総理、きょうは長野じゃないんですか？」と最初にお尋ねしました。長野に応援演説に行かれるはずだったからです。

「いや、長野は新人の候補者の女性問題でもう駄目だ」

「ではどこへ？」

「奈良だよ」

「え、奈良はぼくの同期の佐藤啓議員です。強いですよ」

「いや、すこし不安もあるからね、行くんだよ」。安倍さんは名うての選挙通です。

「ところでさ、京都の今をどう見てる？」

京都は元は全国でいちばん、共産党が強かったのです。安倍さんは、わたしが記者時代に家族と京都に6年、棲《す》んでいたこともご存じです。

いま知っていることを簡潔にお話ししていると、ドアが開きました。

一緒に降りると、ＳＰ（警護官）に迷惑がかかるので、そのまま安倍さんの背中を、黙して見送りました。

男の背中は人生を語ると言います。安倍さんの背中はいつだって、飄々としています。

この日も、まったく変わりありませんでした。

総理を辞してなお、日本を背負いながら、なんの気負いもないのです。

わたしにも特に何の予感もありませんでした。

伊丹空港で別れて、わたしは兵庫県の宝塚の駅前へ向かい、安倍さんは奈良へ向かわれました。

宝塚駅前で自然に集まられた聴衆をまえに、選挙演説をしていると、同行の出口太・公設政策秘書がいきなりスマホの画面を、わたしの眼前に突き出しました。

慎重なふだんの彼とは違う、やむにやまれぬ行動です。

午前11時半をすこし過ぎたぐらいの時刻だったと思います。

そこに「安倍元総理、心肺停止」という文字がありました。

わたしは聴衆の主権者に向かって「いま安倍さんが撃たれたという連絡がありました」と語り、悲鳴があがるなか「しかし、きっと甦ってこられます」と確信を持って言いました。

イラク戦争やパレスティナ紛争の現場で、先に心臓が止まって呼吸も止まった兵士が、心臓への刺激で回復して呼吸も戻って死から還ってきた現場を何度か見ているから本音です。

その瞬間、わたしの背中から何かが入ってきました。何かが背を丸めるように入ってきました。わたしの実感を事実として淡々と述べるしかありませぬ。

安倍さんだ、なぜ。

えっ、では安倍さんは死んだのか。

そんな。

頭のなかにそれらの言葉が閃いた次の瞬間、わたしの右上に、安倍さんの顔が浮かびました。

輪郭はないのです。しかし額、眉、優しい両眼、口元、それらが朝の飛行機と同じく輝く笑顔です。

明るく気持ちよさげに、清々しく、開放感に満ちて顔一杯に笑っているのです。

安倍さん、悔いはないのか。

そう問いかけたとき、右斜め上の遠くにシューッと音を遺《のこ》すように飛び去っていきました。


これは言うなと、安倍派の議員に止められました。

よく分かります。しかし体験のまま、科学的に分析せずに体験のまま申せば、一体なぜ、安倍さんはわたしのところに来たのでしょう。

いまも分かりません。

奈良と宝塚。わりあい近いから?

朝、飛行機で偶然に一緒になって楽しかったから?

そんな俗世間のことが、こうしたときに果たして関係するのでしょうか。

それも分かりません。

ただ、主権者の女性から、こんな書き込みをブログに頂きました。

暗殺からちょうど2年を経た、２０２４年7月のことです。

「安倍総理が銃撃されたことを知ったのは青山さんの（選挙で演説する）動画の中でした。青山さんの話し方が突然脈絡を失い、何かに打たれたかのように一瞬止まって宙を追う姿がありました。

それは人が言葉を失う瞬間、魂が交叉《こうさ》する瞬間でした。

（中略）

他人の本物の友情や魂の交流を揶揄《やゆ》する資格は誰にもありません。

青山さんが居たから安倍総理は笑顔で天に昇っていけた。苦しんでこの地に彷徨《さまよ》うことなく、真っ直ぐ神様の元に行った」

そのあと最後に「青山さんには感謝しかありません」とあります。

いいえ、感謝されるようなことは何もありませぬ。謙遜ではありません、本音です。

ただ、思うのです。

安倍さんとわたしの間には、ついに終生、利害関係がなかった。

安倍さんのような世襲の政治家は、子供の頃から大人たちの利害関係ばかりを目にしてきたから、わたしみたいなのが話をしやすかったのかもしれませんね。

現実に体験した安倍さんの何か、それが魂なのかどうかは、わたしにも分かりません。ただ安倍晋三さんそのものだったというだけです。

四十三の壺

安倍晋三・元内閣総理大臣は警備のあまりにも初歩的な失敗で命を落としました。ひとりの警護官が、発砲犯ではなく安倍さんに飛びかかっていれば、押し倒していれば、安倍さんは今も、永田町に現れ、安倍派の総会で発言していたでしょう。

その後のトランプ前大統領銃撃事件とも、対照的です。トランプさんは、シークレット・サービスに囲まれる前に自ら身を屈めました。

要人の警護訓練というものが、警護官だけでなく要人本人にも必要だし、要人が身を隠せる演台、押し倒されても大丈夫な広さの舞台という仕つらえ、いずれも必要で、安倍さんの奈良ではその全てを欠いていました。

ＳＰ（警護官）個人の責任ではありませぬ。訓練と会場準備の問題ですから、責任は警察の指導層にあります。

わたしはその責任を警察庁が明確にして責任を取るべきだと申しました。

しかし逆に「そんなことばかり仰っていると先生のおためにもなりませんよ」と、ある警察官僚から、議員会館の青山繁晴事務所で言われました。わたしが反撃すると、押し黙るばかりです。

自由民主党の治安テロ対策調査会で、わたしは事件現場の真実を具体的に問うていきました。

事件記者（共同通信・京都府警キャップ）のとき銃撃事件は何度か経験しています。たとえば京都府警の元巡査部長がかつて自分が勤務した派出所の警察官を包丁で殺して拳銃を奪い、その拳銃を持って大阪へ行き、サラ金の従業員を撃ち殺して金を奪ったショッキングな大事件がありました。

そのとき警察がどのように弾道を検証したか、使われた弾丸をどうやって見つけたか、サラ金従業員の絶命をどんな医学的見地を用いて再現したか、これら深い部分を当時、警察内部の情報源から把握しました。

ところが凶器の拳銃が見つからず、容疑者は裁判で無罪を主張しました。凶器が見つからないまま死刑判決が確定しています。

この取材体験を頭の中で丁寧にたどって、そのときの警察の動きを踏まえながら、治安テロ対策調査会で警察庁の警備局長（当時）に質問していったのです。

この調査会の中身をメディアは取材できません。したがって踏み込んだやり取りになりました。

すると警備局長が、うつむき加減に「弾が1個、見つかりません」と仰ったのです。

山上徹也容疑者は手製の銃を撃っていますから、その弾も、通常の銃弾ではありません。「パチンコの玉のように丸いから、安倍さんの体内から転がり出て、ひょっとしたら道路の側溝などに入ったか」という説明です。

これは警備局長がそう発言したというのではなく、警察側の説明を総合すると、警察はそういう推測をしているらしいということです。

しかし、その警察が側溝も徹底的に調べているのです。だから「丸くて転がっていった」だけでは説明が付きません。

わたしはもうこの時から「これは多くの深刻な疑問を呼ぶことになる」と懸念しました。

そのために警察庁の複数の高級幹部と、議員会館の青山繁晴事務所で何度も議論を重ね、事件の全貌と警察の責任を主権者に明らかにするよう求め続けました。

その過程で飛び出したのが、前述の「先生のおためにもなりませんよ」という、まさかの威迫です。

わたしが反撃し、そして追及を続けると、警察は奈良県警本部長に奈良県議会で、責任を認めるような答弁をさせました。

そして前述したとおり、ＳＰを派遣した警視庁の大石警視総監（元安倍総理秘書官）がひっそりと事実上の引責辞任をなさいました。

しかし警察庁から、事件の全貌、そして警備と警備計画・警備訓練の具体的な責任が主権者に述べられたわけではありません。

それは、「なぜ安倍総理に飛びかかって、要人の命を守ることを優先させなかったのか」という問題が追及されるのを恐れているからだと、わたしは今も深く懸念しています。

遅れに遅れている山上容疑者の公判が始まるとき、それは日本警察が説明責任を果たす最後の機会です。

日本国の指導者を狙ったテロリズムによって、こうして安倍さんは殺され、連鎖テロに襲われた岸田さんは幸いなるかな、生き延びられました。

そのあと、安倍さんがかつて大臣に据えた政治家が、権力を持つ岸田総理に、阿《おもね》りました。

安倍さんはわたしに「ＬＧＢＴへの差別を極左の活動家が利用して、公金の入る利権にしてさ、それで自民党の政治家に接近して、妙な法律を作らせようとしているんだよ」と危機感を語っていました。

これはわたしにだけ語ったことではありません。その政治家にも確実に安倍さんは話されています。

そして具体的な組織名も挙げて、話されました。

安倍さんはさらに、総理時代に二度、大臣に抜擢した保守派とされる政治家の名前を挙げて、「極左に利用されてるぞと話してさ、しっかり説得したから、もう大丈夫だよ。元に戻った。よく分かりましたと言ってた。（ＬＧＢＴをめぐる動きは）二度とやらないよ」と仰いました。

これは一字一句、安倍さんの言葉の通りです。

わたしは記者を18年と9か月、務めました。その歳月のすべてにおいて、おのれに課した原則をもう一度、記しておきます。

取材するとき、相手の眼を見て心を通わせ、メモ帳に眼を落とさないことです。その代わり、相手の言葉を正確に記憶するように努めました。そしてすぐトイレに入るなどして、生の記憶を正確にメモに起こしました。

したがって前述の安倍さんの言葉についても「一字一句、言葉の通り」と述べたのです。

それはこの書の全体を通じて、確かに申せることでもあります。

そう話したときの安倍さんは、二度目の総理辞任をなさったあとの時代です。

そこで安倍さんに「申し訳ないですが、それは甘いんじゃないですか」と申しました。「慰安婦」合意のとき以来です。

わたしの「甘いのでは」という異見を聴いて安倍さんは、嫌な顔ひとつせず、「これも（その政治家に）見せたんだよ」と仰いました。

それは、性差別の活動家と、既成の極左組織との相関図の数枚です。非常に小さな字で、人名と組織名の実名が複雑な矢印で結ばれた精緻な資料です。

全体として、極左組織がその実態を守りつつＬＧＢＴ差別解消の組織にいわば衣替えし、その指導者は同一人物であることを広範囲に明示しています。

それらが政府組織と、自由民主党の著名な政治家たちに食い込んでいることも示す図でもあります。

もちろんご本人たちは反論なさるでしょう。それは正当な権利に基づく反論です。

わたしはそれを記憶しようとして、とても記憶しきれないので、あとになって安倍さんに「あの紙をください」とストレートにお願いしました。

安倍さんは「これ、ほんとうは誰にも渡せないんだけどね」と言いつつ、内緒の内緒で渡してくれました。

そして令和４年、西暦２０２２年の７月８日に、安倍さんは奈良で暗殺されました。

総理を辞めても、岸田総理にも、自由民主党にも安倍派会長として大きな影響力を発揮していた存在が、無残に、ふいに、永遠に掻き消されたのです。

その死からわずか10か月後に、安倍さんが「元に戻った。よく分かりましたと言ってた。（ＬＧＢＴをめぐる動きは）二度とやらないよ」と言っていた政治家を含めていずれも安倍総理が大臣にした政治家が中心になり、ＬＧＢＴ法案を、自由民主党議員の多くが反対するなかを党内民主主義を壊して国会に上程し、さらに岸田総理がみずから指示して、ほとんど国会審議らしい審議の無いまま成立させました。

西暦２０２３年の６月半ばのことです。

わたしは最後まで反対を貫きました。

野党と同じ行動は取らないので、反対票を投じるのではなく、参議院本会議の採決で退席し、反対の意思を党とメディアに明言しました。

自由民主党の「党議」に反したとして党から処分が来るのは、当然ながら覚悟の上の行動です。

「たぶんね、表彰と処分が同時に来るという、なかなか愉しいことになるだろうね」

わたしは議員会館の青山繁晴事務所の公設秘書3人にそう言って、秘書さんも「そうですね、きっと」と笑っていました。

表彰とは何のことか。

わたしは「自由民主党を中から変えるのが、日本をよくする王道である」という不変の信念を掲げ、主権者のみなさんに呼びかけています。

その連帯の重要な核心が、主権者の自由意志で自由民主党員になってくださいという呼びかけです。

わたしがそうやって集めた党員の数が3年連続1位で党から表彰されたのです。

自由民主党の党員は少なからず、業界団体、支援団体、利害団体、あるいは会社の推しで党員になった方々です。

「党員になっているのも知らなかった。党費（年間4千円）も会社が払っているから」とわたしに仰った人も、何人もいらっしゃいます。

これが自由民主党が腐る原因のひとつだと政治記者の時代から考えていました。

わたしは主権者のみなさんに「あなたの自律の意志で党員となって、連帯すべきを連帯しましょう」と呼びかけています。

コネも利害もおカネも、何も使いません。動画の「青山繁晴チャンネル☆ぼくらの国会」で毎回、短く、呼びかけるだけです。

最初は、それも無かったのです。党大会で派手なネオン展示で「党員数ベストテン」が発表され、その場で第10位に入っていることが分かり、周囲にお座りの議員がみんな一斉に驚いたことに、驚きました。

元閣僚の衆議院議員は、後ろのわたしを振り返って「ベストテンに参議院議員が入るなんて、初めてですよ。ふつう、小選挙区の衆議院議員がみんなコネで取っちゃうんだから」と眼をまん丸にして仰いました。

そこで深い意義にあらためて気づいたのです。主権者の自由意志で多くの党員が集まるのは、結党70年が迫る長い政治史で初めてなんだと。

そこで動画での短い呼びかけを始めると、翌年は、一気に第1位だと党幹部から早くに知らされました。夜中にやっと公務を終えて、ふと気づくと、発表されていません。組織運動本部長に深夜、電話してみると「幹事長に呼ばれて、これ公表していいのかなと……」。「毎年公表していて、今年だけ伏せるなんてことをやると本部長、あなたが問われます。お考えください」と淡々と話して電話を切ると、午前4時半ごろに、「やっぱり発表する」と電話がありました、ジミントウにとって、旧来の党員集めが、主権者ひとりひとりの自由意志に負けるのは、それだけ破壊力があるのです。

その翌年も翌々年も第1位で、歴代の組織運動本部長が「2位に圧倒的な差です」と同じように喜んでくださいました。

議員になってから電話で、つまり一対一で議論する機会のとても多かった安倍総理にも、この自由民主党が腐る原因について何度か話しました。

安倍さんは、いつも沢山、反論なさるのとは違って「うーん」と言うのか何と言うのか、珍しく言葉にならない反応をかえされるだけでした。

安倍さん喪失のあと自由民主党は、派閥が裏金をつくっていた問題が露見し、経済失政で国民生活の圧迫を招いていることと合わせ、党が主権者に憎悪される事態に陥りました。

そして優れた人物批評家であった安倍さんが「岸田は気が弱い」とわたしに何度も仰っ

たことと裏腹に、岸田総理は、裏金づくりの「主犯」として安倍派を叩き潰しました。

わたしは護る会とは別に、「政治（まつりごと）変革会議」をおよそ15人の衆参両院議員で結成し、本物の改革へ繋げようと行動に出ました。しかし岸田総理は出発点から違いました。岸田総理は党の「政治刷新本部」で「私たち政治家は特権意識を是正しなければならない」と発言なさいました。

わたしは憤りの声をあげざるを得ません。「岸田総理ご自身が特権意識をお持ちだということです。国会議員は国民の代理人であり、特権階級と意識しているなど許されない。すくなくとも、わたしに特権はありません」

岸田総理は、令和6年、２０２４年８月に総裁選不出馬を宣言なさいました。

安倍さん、あなたは人物批評に長《た》けた人だった。きっと幼い頃から政治家のせめぎ合いを目の前で見てきたからでしょう。

しかし岸田総理は気が弱いだけ、という評だけは間違っています。

きっと岸田さんは弱さを自覚されたからこそ、総理就任後にみずからを鍛え、見事な策略家に変貌されたのだと思います。

安倍派を解体したのに続き、総裁選の混沌を戦術的に作られた。

誰もが予想できない、だからショックが広がる絶妙のタイミングで不出馬を宣し、しかも「現職閣僚よ、議論してよし」と呼び掛けました。これで一気に候補が乱立、なかでも同じ岸田派で林芳正官房長官と上川陽子外相が手を挙げたのは、岸田総理が実は後者に働きかけたのではないかと考えています。

それにつられて、「まだとてもじゃないが習近平（主席）やプーチン（大統領）、金正恩（総書記）、トランプ（前大統領）、ハリス（副大統領）と対峙していけない若手もムクムクと手を挙げちゃって」（現職の副大臣）となりました。こうなると旧来勢力による推薦人の奪い合いで、パイが極端に小さくなります。わたしのような「自由民主党の腐った部分を叩き直す」と明言するような新規勢力は、推薦人集めが急に難しくなります。

事実、半泣きの声で「青山さんの推薦人になろうと想ったけど（元総理に）言われてしまって、小林鷹之さんをやります」と電話してこられた若手議員も居ます。

今や、岸田さんは稀代の策謀の人です。

しかし、安倍さんが居たら、という仮想には意味がありません。

それは「現実に、もう居ないんだから」ということだけではありませぬ。敗戦後の国家権力のほとんどを担ってきた自由民主党の闇を破る、アベノチェンジは発想なさっていなかったということです。

何のしがらみも無く、旧式ジミントウが嫌いだという日本人が自由民主党の党員のトップ集団となる。

その根っこにある清新な希望を、安倍さんは漠としつつも予期し、次の時代に託して、あの最期の宙空の破顔一笑だった気もするのです。

安倍さんとともに安倍さんを越えねばなりません。

安倍晋三さん、この明るい魂が今、いちばん望んでおられるのは、これではないでしょうか。


（了）

著者略歴
青山繁晴（あおやま・しげはる）
神戸市生まれ。慶應義塾大学文学部中退、早稲田大学政治経済学部卒。共同通信記者、三菱総合研究所研究員、独立総合研究所代表取締役社長・兼・首席研究員を経て、現・参議院議員（二期目）。
ほかに現職は、東京大学学生有志ゼミ講師（元非常勤講師）、近畿大学経済学部客員教授。作家。小説に「平成紀」（幻冬舎文庫）「わたしは灰猫」「夜想交叉路」（ともに小社刊）、ノンフィクションに「ぼくらの祖国」「ぼくらの真実」（ともに小社刊）「きみの大逆転」「戦」（ともにワニブックス【PLUS】新書）などがある。

反回想

わたしの接したもうひとりの安倍総理

発行日　2024年9月10日　初版第1刷発行
　　　　2024年9月30日　　　第4刷発行

著　者　青山繁晴

発行者　秋尾弘史

発行所　株式会社扶桑社
〒105-8070
東京都港区海岸1-2-20 汐留ビルディング
電話 03-5843-8842（編集）
　　 03-5843-8143（メールセンター）
www.fusosha.co.jp

装　丁　新 昭彦（ツーフィッシュ）

DTP　株式会社ビューロー平林

印刷・製本　中央精版印刷株式会社

定価はカバーに表示してあります。

造本には十分注意しておりますが、乱丁・落丁（本のページの抜け落ちや順序の間違い）の場合は、小社メールセンター宛にお送りください。送料は小社負担でお取り替えいたします（古書店で購入したものについては、お取り替えできません）。

Printed in Japan ISBN 978-4-594-09754-7